◎ 20世纪40年代佳木斯医学院旧址

◎ 20世纪50年代佳木斯工学院旧址

◎ 20世纪70年代佳木斯师范专科学校旧址

◎ 20世纪80年代原佳木斯大学旧址

◎ 20世纪90年代佳木斯大学合校庆典

◎ 2004年7月，我校承办黑龙江省第十三届大学生运动会

◎ “雅言传承文明，经典浸润人生”——校庆倒计时100天启动仪式上万名师生齐声诵读经典

◎ 我校学生轮滑球队2004年代表中国参加在日本举行的第十届亚洲轮滑球锦标赛取得第四名的好成绩

◎ 我校学生射击队参加2005年全国“建桥”杯大（中）学生气步（手）枪射击比赛，打破两项全国纪录

◎ 佳木斯大学国旗护卫队赴天津参加全国首届高校国旗护卫队经验交流大会，获队列会操一等奖，我校获优秀组织奖

◎ 我校代表队的雪雕作品《梦舞喧歌》在国际大学生雪雕大赛中荣获二等奖

◎ 佳木斯大学KAB创业俱乐部在“中国移动杯”首届黑龙江大学生创业大赛中夺得冠军

◎ 理学院学生获得中俄高校学生数学与计算机程序设计竞赛个人前三名和团体第一名

“佳音妮”组合在全国首届大学生艺术展演比赛中，以一首《山里的女人喊太阳》，获得专业组声乐二等奖

◎ 我校学生舞蹈《军训》喜获全国第三届大学生艺术展演二等奖

◎ 大学领导与首届“自强之星”合影

◎ 我校学生合唱团在黑龙江省
首届高校校徽校旗校训校歌展演活动中获得校歌大赛总决赛一等奖

◎ 全体学生为“最美女教师”张丽莉祈福

◎ 我校首届大学生社团文化艺术节闭幕晚会

◎ 校园文化艺术节

◎ 校园文化艺术节庆祝建党90周年“我爱我的祖国”广场红歌会

◎ 黑龙江省高校高雅艺术进校园交响音乐会走进佳大

◎ 庆祝建校65周年文艺演出

◎ 我校留学生获得黑龙江省首届国际大学生汉语大赛七项大奖

◎ 在校学习的留学生

◎ 我校学生圆满完成第24届世界大学生冬季运动会赛会志愿服务工作

◎ 学生积极参加野外实习。图为生命科学学院学生走进汤原县亮子河国家森林公园进行植物分类实习

◎ 部分毕业留学生

◎ 喜获学士学位的毕业生

◎ 喜获硕士学位的研究生

新起点　梦飞扬

主编　孟庆新　许　勇　伊焕峰

东北大学出版社
·沈　阳·

图书在版编目（CIP）数据

新起点　梦飞扬／孟庆新，许勇，伊焕峰主编．—沈阳：东北大学出版社，2013.8

ISBN 978-7-5517-0421-2

Ⅰ．①新…　Ⅱ．①孟…　②许…　③伊…　Ⅲ．①大学生—品德教育—高等学校—教材　Ⅳ．①G641.6

中国版本图书馆 CIP 数据核字（2013）第 193399 号

出 版 者：东北大学出版社
　　　　　地址：沈阳市和平区文化路 3 号巷 11 号
　　　　　邮编：110004
　　　　　电话：024-83687331（市场部）　83680267（社务室）
　　　　　传真：024-83680180（市场部）　83680265（社务室）
　　　　　E-mail：neuph@neupress.com
　　　　　http：//www.neupress.com
印 刷 者：沈阳中科印刷有限责任公司
发 行 者：东北大学出版社
幅面尺寸：170mm×240mm
插　　页：12
印　　张：11
字　　数：216 千字
出版时间：2013 年 8 月第 1 版
印刷时间：2013 年 8 月第 1 次印刷
组稿编辑：郭爱民
责任编辑：刘乃义　　　　责任校对：辛　思
封面设计：刘江旸　　　　责任出版：唐敏智

ISBN 978-7-5517-0421-2　　　　定　价：23.00 元

序

亲爱的新生同学们，当看着你们怀揣着憧憬与梦想踏入佳木斯大学的时候，我总会情不自禁地想起我从 1977 年开始在这里的大学时光。虽然那时简陋的校舍、怀旧的课桌和青涩斑驳的生活早已烟消云散，但弥漫在校园里的青春气息却从未改变，甚至愈发浓厚，让我终生依恋……作为你们的校友，作为你们的长辈，望着你们那带着家乡泥土气息和充满稚气不羁的脸庞，我从心底想说，年轻真好！你们一定要倍加珍惜并从开始就深爱这所大学，因为只有从开始就深爱，才会充分挥洒激情和梦想；只有从起点就深爱这所大学，才会惜时如金，学有所成；只有从今天起就深爱这所大学，才不辜负家乡亲人的眷念和嘱托，才终会实现理想、成就梦想。

从 1947 年建立的合江军区卫生技术学校到 1995 年四校合并直至今日省属重点综合性的高水平大学，佳木斯大学已历经了 66 载春秋。尽管她的历史算不上悠久，但作为中国最东方的大学，一直以来，她以扎根边陲、服务地方的办学姿态，筚路蓝缕、艰苦创业，开拓创新、上下求索。她是一所历经沧桑而充满活力的大学，是一所承托历史重任却百折不挠的大学，是一所心怀感恩且无私奉献的大学，是一所胸怀梦想并一直不断追求、超越梦想的大学。

今天，你们已经成为了这里的主人，佳木斯大学便是你们的家。当同学们轻轻掀开这轻盈绢香的扉页，在读到某篇章节时，相信你们必会慢慢地消解心中可能存在的茫然和困惑。当然，“你若盛开，清风自来”。调整心态、积极适应、坚定信念、放飞梦想——这是对新生同学们最简单、最真诚的希望。同时，我也由衷地想跟大家提几点建议。第一，欲成就事业，应以兴趣为基点。“知之者不如好之者，好之者不如乐之者”，兴趣是激发一个人能量和创造力的最佳资源，是带你拥有完美理想人生体验的最好引擎。希望同学们从现在开始，多尝试、多体验、多探索，同时加强自学、注重实践、科学规划，并坚持一种批判探索的精神，这样你的大学生活才会充实、快乐，毕业后才不会感到空虚和彷徨。第二，欲成就人生，要有“吾日三省吾身”的胸怀，要做到虚怀若谷，注重培养自己的修养和品行。修养是气度，是心态，是内涵；品行是生存之道，是立身之本。第三，欲成就梦想，要铭记“士不可以不弘毅，任重而道远”，要有恒心和耐心，培养坚忍的毅力和顽强的品格。唯有这样，碎石才可能耐得住风化侵蚀而变成伟岸的凌岩，萋草才可能因为亘古的坚守而化成绝美的风景。

“新起点，梦飞扬”。在今后的日子里，希望你们能坚定地追随你们的心，脚踏实地、感知科学、感动青春、放飞梦想，用青春与汗水、用信念与毅力创造新的辉煌，谱写人生最美好的篇章。最后，愿你们在大学时光里，与书墨同芳，与青春共翔！

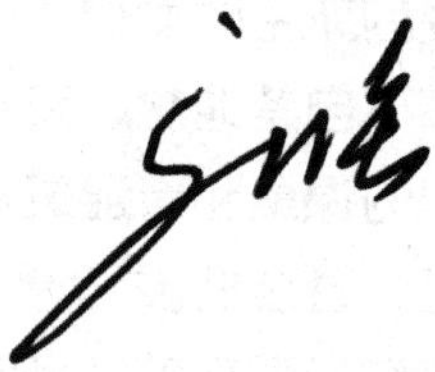

【序作者简介】刘强，佳木斯大学党委副书记、学生工作领导小组组长。

《新起点　梦飞扬》编委会

目 录

馨　家

史海拾珍

佳木斯大学是1995年6月27日，经国家教委批准，由佳木斯医学院、佳木斯师范专科学校、佳木斯工学院和原佳木斯大学四所学校合并组成的，1996年11月21日，学校正式挂牌启动。2000年5月、2003年5月、2003年12月，佳木斯市粮食职工中等专业学校、富锦师范学校、黑龙江省理工学校相继并入。

佳木斯大学的历史可追溯到解放战争时期。佳木斯医学院的前身是1947年成立的合江军区卫生技术学校，1958年学校成为本科院校，1980年开始招收硕士研究生；佳木斯师范专科学校成立于1949年，原为佳木斯师范学校，1978年升格为佳木斯师范专科学校；佳木斯工学院成立于1958年，是黑龙江省第一所以农机专业为主的工科本科院校。经过半个多世纪的历程，各学校虽然几经变迁，但始终自强不息，以历尽艰苦却百折不挠的勇气和敢为人先、开拓进取的魄力，伴随共和国前进的步伐而成长壮大。

一、初创时期 举步维艰

（一）从合江军区卫生干部学校到佳木斯医士学校

1947年盛夏，当时的延安卫生队迁到佳木斯。在张闻天同志的关怀下，创立了中国共产党第一所卫生学校——合江军区卫生技术学校，这就是佳木斯医学院的前身。佳木斯医学院的初创时期（1947.7—1958.5）经历了五个阶段，即：合江军区卫生技术学校时期，合江省立卫生干部学校时期，松江省卫生学校时期，松江省医士学校时期，黑龙江省佳木斯医士学校时期。

1945年9月，佳木斯为合江省首府，当时的医疗条件极差。敌伪时期，佳木斯最大的“官办”医院——满赤医院——被焚毁；新中国成立后，经中国人民解放军修缮，改为合江军区医院，同时也是合江省主要的预防和医疗机构。为了适应解放战争的需要，1946年春，中国人民解放军卫生部部长贺诚前来佳木斯筹建卫生学校。1947年7月20日，合江军区卫生技术学校正式开学，由刘夕清兼任第一任校长。第一批学员 70 名均编入卫生员队，没有正式的讲义和教材，仅学习一般的医药卫生知识和包扎抢救伤员等技术。同年 8 月，又招收护士 70 名，编入护士班，学习常规的护理技术。1948 年，为了提高医疗技术水平，给野战部队输送医生，人民解放军总部卫生部责令合江军区卫生部培养部队医生，因此，学校又在培训中级卫生人员的基础上，增设了专科医生队，学员 100 人。

1949 年 1 月，合江军区卫生部被撤销，东北军区后勤卫生部决定将合江军区卫生学校并入东北军区卫生学校（1949 年 5 月，东北军区卫生学校与第四野战军医科学校在郑州合并，称第四野战军医科学校，即现在的中国人民解放军第三军医大学）。当时，中共合江省委、省政府与东北军区商定，将合江军区卫生学校的实习医院（即中国人民解放军东北军区第十三后方医院）第三卫生所第四连全部人员和医疗设备移交给合江省卫生处，筹划组建合江省卫生干部学校。1949 年 2 月，合江省卫生干部学校正式成立，后又更名为合江省立卫生干部学校，校长由合江省民政厅厅长罗恕兼任，副校长由省立医院院长刘玉璞兼任。

1949 年 5 月，合江省立卫生干部学校更名为松江省卫生学校。1949 年 10 月，合江省并入松江省，省会设在哈尔滨市。因原哈尔滨市设有松江省省立第一医院，故两省合并后，遂将原合江省省立医院更名为松江省省立第二医院，仍作为学校的实习医院。1950 年秋，抗美援朝战争开始。全省青年学生响应党和国家关于抗美援朝、保家卫国的号召，纷纷报名参军。一批中学生经学校审批及身体检查合格后，于同年 11 月集中到哈尔滨市训练。其中，一部分人于 12 月末被分配到松江省卫生学校学习，编为第三期学员，全期共 100 人，毕业时为 99 人。学校以中国医科大学的教学方案为蓝本，制订了第三期教学计划，开设 20 余门基础和临床课程，总学时为 2000 余学时。在这期间，从中国医科大学、哈尔滨医科大学分配来一批毕业生充实了师资队伍。至 1952 年 3 月，第三期学员毕业，学校教学楼建筑面积约 1000 平方米，宿舍 300 平方米，附属医院面积约 5400 平方米，全校建筑面积共 7000 多平方米。

新中国成立后，苏联的教育制度、教育理论、教学原理，以及创办技工学校和中等专业学校的经验陆续传入国内，东北各省、市相继办起了卫生技术学校。1951 年夏，中央人民政府政务院卫生部邀请一批苏联专家对中国卫生技术学校的教育和管理提出了一些改进意见。1951 年 7 月 19 日，松江省人民政府卫生厅决定，将原松江省卫生干部学校改为松江省医士学校，原松江省省立第二医院改为松江省医士学校附属医院。1953 年，东北行政区卫生部根据中央人民政府政务院关于整顿和发展中等技术教育的指示，以及东北行政委员会关于东北地方中等技术学校调整整顿工作的指示，对全区的中等卫生学校进行了调整。东北行政区卫生部领导亲自前来松江省医士学校视察，认为松江省医士学校机构较健全，师资配备较为整齐，仪器设备逐年有所增加，又设有附属医院，属于较好的一类医学学校，因此被保留下来。健康报记者来校采访，写出了专门报道。上海、甘肃、张家口等省、市兄弟学校陆续来校参观学习，对学校作出了较好的评价。1954年9月，按照上一届招生办法，统一招收医士专业学生150名，学制为三年；招收公共卫生医士专业学生60名，学制为一年，编为医士第七期。

1954年10月，继松江省合并为黑龙江省之后，经黑龙江省人民政府批准，将松江省医士学校更名为黑龙江省佳木斯医士学校。此时，学校建筑面积为3465平方米，附属建筑面积4200平方米。1956年，学校学习苏联"一长制"，同年召开了第一次校务会议。由教务副校长主持，部分学科委员会主任参加了这次会议。会上，明确了"校务会议"是在校长领导下的一个咨询机构。它帮助领导听取群众意见，了解教学中的情况，讨论有关教学方面的重要问题，开展批评与自我批评，发挥集体的智慧，以提高教学质量。1957年1月28日，黑龙江省卫生厅（57）卫教字第5号通知，鉴于佳木斯医士学校设立医士专业外，已设立了护士专业，为此，根据中华人民共和国卫生部（55）卫教字第842号《关于中华医药学校的学校名称的通知》的规定，决定将黑龙江省佳木斯医士学校更名为黑龙江省佳木斯卫生学校；其附属医院更名为黑龙江省佳木斯卫生学校附属医院。刘玉璞任黑龙江省佳木斯卫生学校校长，黄建庭任学校和附属医院党总支副书记，杨锐任佳木斯卫生学校附属医院副院长。

（二）曾经的全国重点师范

1945年8月抗日战争胜利后，东北解放区相继建立了民主政权。佳木斯民主政权先后接管了佳木斯男子国高、佳木斯女子国高、佳木斯师道学校，于1946年5月4日合并成佳木斯联合中学，下设"三部一班"，即高中部、初中部、师范部和短训班。1949年8月，松江省政府决定，设立佳木斯师范学校，隶属松江省教育厅。松江省教育厅派陆辉同志主持建校工作，在佳木斯联合中学师范部基础上，建立佳木斯师范学校。当时佳联中师范部有3个四年制普师班，加上呼兰十一临时中学和东北临时中学并入的部分学生，已发展到10个班，在校生达500名，全校有教师19人、职员16人。1949年9月30日，学校正式建立，陆辉同志为第一任党支部书记、校长。校址设在原东北军需学校（现佳木斯第二中学）及原佳木斯临时中学（现佳木斯第五中学）两处。

佳木斯师范学校是黑龙江省建校较早的一所师范学校，是一所新型的社会主义正规学校，是为了适应中华人民共和国成立初期人民教育事业的迅速发展、解决小学教师之急需而建立的，承担着繁重的培养小学师资的任务。当时的办学特点是：继承老解放区办学传统，提倡发扬"抗大"精神，把思想政治工作放在首位。

建校初期，学生入学不经考试，由各中学从初中毕业生中选送。当时社会上对当教师认识还很不足，认为教师的社会地位低下，多数学生专业思想不稳定，有的入学后提出退学，甚至自动退学。针对这一情况，学生入学之初，先进行1~2周的思想教育，使学生明确学习目的，端正学习态度。在抗美援朝战争爆发后，学校立即出现一个踊跃报名参军参战的热潮。简师班于兴媛等八名学生，被光荣批准赴朝任教。抗美援朝战争期间，学生会组织了许多宣传队，走上街头进行讲演、演出话剧，揭露美帝的侵略暴行；编演各种艺术形式的小演唱，讴歌志愿军的英雄事迹。晚间忙着支前：制炒面、做军鞋、写慰问信。全校师生员工均以多作贡献为荣。每当得知从前方送回伤员，男女学生争先去医院给伤员输血、献血，师生表现出了强烈的爱国主义和国际主义精神。

1951年春，陆辉同志调任松江省教育厅副厅长，孙抚同志任党支部书记、副校长，主持学校工作。9月，松江省派李德恩同志任校长。同年8月，教育部召开第一次全国初等教育会议和全国师范教育会议。会议指出："为普及五年制小学教育，并要达到所定目标，估计五年内全国需增加小学教师100万人。"学校除原有一年制及二年制普师和三年制初师外，从1951年开始招收三年制中师四个班，从此成为一所名副其实的中等师范学校。

从1952年下半年起，学校把工作重点放在办新型的正规化学校，培养合格的小学师资上，并逐渐形成了鲜明的办学特色和"艰苦朴素、勤奋读书、尊师爱校、团结互助"的优良校风。1953年，松江省教育厅贯彻政务院提出的"整顿巩固、重点发展、提高质量、稳步前进"的文教工作方针，就师范学校的设置和体制进行了调整、整顿，将全省各种形式的师范学校从1952年的40所调整到15所。佳木斯师范学校由于办出了自己的特色，受到了充分肯定，得以保留。

1954年春，国家教育部、东北教育局和省教育厅组成联合检查组，来校检查工作，为期近两个月，深入课堂及学校各个工作领域。联合检查组给佳木斯师范学校的全面工作以充分肯定，认为学校领导班子年轻、有才干，在学习苏联先进教育经验方面，"成绩很大、步伐很快"。同年暑期，在北京召开的全国师范教育工作会议上，将佳木斯师范学校定为全国三所重点师范之一（余为长沙师范、北京师范二校）。同时，责成佳木斯师范学校实行"三长制"。随后，教育厅又为佳木斯师范学校调拨了大批理化、生物仪器，学生四人一组，可供两个教学班级同时上实验课。图书馆也相应扩建，藏书量达十万余册。教学设备居全省各师范学校之首。

（三）从地方中专到部属学校

1958年，在"大跃进"形势推动下，中共合江地委和中共佳木斯市委根据合江地区是全省钢铁、机电工业重点地区之一，佳木斯市又是新兴工业城市的特点，为了全区工业企业的大发展和培养轧钢、机械、化工、电机等专业人才，于5月12日作出决定，筹建佳木斯工学院。7月5日，筹建小组开始工作。8月16日，中共佳木斯市委第38次常委会议决定创办佳木斯工学院，归市委工业部领导。当年招收学生400名，学生来源是在全地区统一招生，以及由各工矿企事业单位、国营农场职工中选优保送。学院的牌子挂到工厂，实行半工半读。

建校初期，为解决食宿等难题，同时也为适应学院与工厂结合办学的方针，全院学生实行勤工俭学。机械、电机、轧钢3个班195人被分到佳木斯电机厂、煤机厂参加劳动，化工班61人到佳木斯东郊模范屯参加秋收劳动。1958年11月1日，在佳木斯农校礼堂举行了佳木斯工学院首届学生开学典礼，全院285名师生参加了大会。会议宣布，由中共佳木斯市委书记武振东兼任工学院院长。1959年5月，中共佳木斯市委召开教育工作会议，根据中央“整顿、巩固、提高、适当发展”的方针，本着力求实效、不务虚名的精神，鉴于学院师资力量、学生水平、设备情况，将佳木斯工学院改为中专，校名改为佳木斯工业学校。

1959年底，为了适应农机工业发展的需要，学校由中央农机部（后改为第八机械工业部）接管，成为一所农机部直属的中等专业学校。1960年1月更名为佳木斯农业机械制造学校，培养目标是适应国家农业机械工业发展需要，具有社会主义觉悟，有一定文化科学知识，掌握所学专业必要的基础理论与生产知识和操作技能，身体健康，既能从事体力劳动又能从事脑力劳动，又红又专的技术人才。

学校由中央农机部接管后，发展很快。按照中央农机部计划，要求学校每年应招新生300名，发展规模为1200人。从1963年起，每年均完成指标；到1965年，在校生为895人。“文化大革命”前，毕业五届学生，共478名。招生范围也由原来仅限于合江地区各市、县扩大到东北三省。

学院初创阶段，师资缺乏。但在学院由地方改为中央部属后，在中央农机部党组织的关怀下，1960—1965年，相继从哈尔滨军事工程学院、哈尔滨工业大学、吉林大学、吉林工业大学、天津大学、南京工学院、西北大学、郑州大学、辽宁大学、洛阳农机学院、黑龙江大学、哈尔滨师范学院等院校调入及毕业生分配62名。他们的到来，使学校的教学、党政、后勤工作都得到了充实和加强。

1964年4月，中央农机部召开了教育工作座谈会，会上传达了毛泽东同志在春节座谈会上的讲话和关于减轻学生负担的指示，并提出了贯彻意见。为了认真贯彻会议精神，学校在深入学习中央农机部教育司关于改进各教学环节工作的原则规定的基础上，结合实际，制订出《改进各教学环节工作的原则规定》。1966年4月2日，学校党委提出关于贯彻毛泽东同志“七三”指示的意见，要求全面贯彻党的教育方针，使学生在德、智、体诸方面全面地得到发展。这一时期，学校各教研组的教师们自己动手，积极革新教具，共制成挂图、模型教具409件，革新教具21件，其中有“数学多能教具”“积木式多用组合体”“万能静电演示器”“投影作图空间平面多能教具”“多用作图度量仪”“多能曲线行成示教器”“图的轴侧投影仪”等。

（四）新型地方性大学的诞生

原佳木斯大学创建时间较晚。1984年地市合并后，中共佳木斯市委和佳木斯市人民政府决定筹建三江大学。1985年2月20日，佳木斯市政府正式成立三江大学筹委会。该项工作开始纳入市政府工作日程，筹委会成员主要是原地区和佳木斯市教育战线有多年教育工作经验的领导和专家，原合江地区教育局局长朱庆生同志为筹委会主要负责人，其他成员有姚岚、张鹏、何富臣等。

筹委会成立后，立即投入紧张的筹备工作。首先对三江大学建立的目的及可行性进行深入详细的讨论。然后又多次召开会议，就三江大学的性质、办学指导思想，学校的规格、规模和培养目标、专业设置、招生对象和数量，学校的编制、机构、校舍、设置及经费等问题进行了认真的研究。确定了学校选址、经费和教学计划三大问题。是年3月3日，市政府向省高教局正式发出《关于成立三江大学的请示》，之后又多次派人与省高教局就具体事项进行认真磋商。这些工作都是在市委、市政府直接领导下稳步进行的。

1985年4月27日，黑龙江省人民政府正式批复同意建立佳木斯大学。学校性质初定为短期地方职业大学，学校规模为1200名学生。市委、市政府决定佳木斯大学于1985年9月正式开学，筹委会工作立即转入实质性的紧张的筹备开学阶段。学校组建了正式领导班子和急需的相应的工作机构。在市委、市政府的主持下，于1985年6月底将原佳木斯市委党校办公旧地无偿移交给佳木斯大学使用，使之成为佳木斯大学办学校址。所有不动校产、1万多册图书，连同一垧五亩总占地面积一并转为佳木斯大学所有。

1985年5月，学校开始首批招生工作。经省高教局批准，第一批招生列入全省统招计划，计240名，其中文秘专业60名、俄语专业30名、机械与制造工艺专业90名、计算机应用专业60名；并同意地方内招60名，其中文秘专业30名、畜牧专业30名。学校通过大力开展招生宣传，落实招生名额，确保学生来源，努力争取地方招生办的支持，使统招专业的240名招生任务得以顺利完成。

1985年9月20日，佳木斯大学正式开学。它标志着在佳木斯市的教育史上，一所以培养应用型人才为特点的地方性新型大学终于诞生了。1986年9月，省教委55号、省编委13号文件正式确定佳木斯大学为高等专科学校建制，正式纳入黑龙江省普通高校系列，直接隶属于佳木斯市人民政府领导。

二、扎根边疆 艰苦创业

1966年5月—1976年10月，“文化大革命”的灾难席卷全国，教育战线也成为重灾区，遭受了前所未有的摧残和破坏。“文化大革命”结束后不久，各院校在普遍经历了斗争、解散、停办的困境后，在动荡中恢复办学，在逆境中稳步发展，各项工作逐步转移到以教学、科研为中心的正确轨道上来。

（一）在曲折中发展的佳木斯医学院

1977年，全国高等院校的招生制度进行了重大改革，实行全国统一考试、择优录取。这一年是佳木斯医学院建院以来招生人数最多的一年，共招收本科学生413名，其中医学系326名、口腔系31名、药学系56名。从保证学生质量出发，增加了学制年限，由原来的三年制改为四年制和五年制。医学专业和口腔专业学制为五年，药学专业和化学制药专业学制为四年。1978年以后，学院开始加强对教学工作的领导，采取了一系列措施，使学院的一切工作都转移到教学工作上来。

学院在重视教学工作的同时，大力开展医学科学研究，逐步形成了科学研究体系，开辟了具有自身特色的科研道路，取得了显著成果：针麻手术、呼吸疾病、心血管疾病、小儿脑瘫、地甲病防治、冻伤防治、显微外科、佝偻病、老年病、气功操矫正近视眼、强化食品防治营养性缺铁性贫血、“7955”镇痛作用的临床观察及机理、锤造冠牙坯金属烤瓷修复体的研究等，有的项目填补了国内空白，有的项目居国内领先地位。

在1978年的全国科学大会上，佳木斯医学院与医学科学院、省祖国医学研究所的协作项目“杜鹃素防治慢性支气管炎的研究”获得大会协作奖；“鸡树条子果治疗老年慢性气管炎”“草决明治疗高脂血症降低胆固醇”的研究分别获黑龙江省科学大会奖。

1979年，“农村儿童保健组织形式、方法、内容的研究”获黑龙江省卫生厅医药卫生科技成果一等奖；骨外科主治医师范遗恩自行设计研究了“吻合血管的游离髂骨移植”临床手术，这项科研项目填补了国内空白。

1980年，“金荞麦治疗喘息型慢性气管炎肺心病平喘疗效及临床护理”的研究，获中华人民共和国卫生部二等甲级科研成果协作奖；“豚鼠肠道免疫活性细胞的观察”获黑龙江省科技成果三等奖。

1981年，“在低温和冻融情况下肾上腺素对蟾蜍离体心脏生理特性的影响”获黑龙江省医药卫生科技成果奖；“检查末梢血中白血病的有效方法”获黑龙江省医药卫生科技成果奖；“海松子油对家兔实验性高脂血症及动脉粥样硬化的防治作用”是学院与佳木斯市中药厂的协作科研项目，获黑龙江省卫生科技成果协作奖；“地方性克汀病的遗传学研究”获黑龙江省医药卫生科技成果三等奖。

1982年，“1265名正常婴儿姿势和Vojta姿势反射调查”获黑龙江省卫生厅科研成果一等奖，“口服碘油在动物体内代谢的研究”获黑龙江省卫生厅科研成果二等奖，“合江地区及赫哲族近亲通婚率和近亲通婚遗传效应的研究”获黑龙江省卫生厅科研成果三等奖，“集贤地区地方性甲状腺肿及地方性克汀病防治研究的三年总结”获黑龙江省卫生厅科研成果二等奖。在这一年里，省委、省政府授予学院地甲病研究室一块题词为“在地甲病科研中做出显著成绩”的奖牌。

1983年，“带臀上动、静脉游离髂骨移植”获黑龙江省科委科技成果三等奖，“肺血流图及其微分图对慢性肺心病诊断价值的研究”“克冻霜治疗浅Ⅱ度冻疮疗效观察”“脑性瘫痪早期诊断研究”等获黑龙江省卫生厅科技成果奖，全国协作项目“针麻甲状腺手术”获卫生部医药卫生科技成果三等奖。

1986年，获得科技进步奖10项。其中，黑龙江省科技进步四等奖2项，省卫生厅科技进步奖8项。获得省科技进步奖的尿塞通已研制成功，并投入批量生产，应用于临床。

1987年，获黑龙江省科技进步四等奖1项。小儿脑瘫、地甲病、低温、显微外科处于国内领先地位，有的达到了国际水平。第一附属医院中医科副教授郑艺忠主撰的论文《乙肝表面抗原转阴的辩症组方浅议》获国家级优秀论文奖。

1988年，获科技进步奖3项。其中，与省中医研究院、哈尔滨医科大学附属二院、省防疫站协作研究的“止泻退热丸治疗小儿病毒性腹泻”获国家中医药管理局科技进步一等奖。另获省卫生厅二等奖1项、三等奖1项。

1989—1996年，获得各类科技进步奖102项，“七五”期间出版专著20部。在国际性刊物发表及参加国际会议宣读论文36篇，在全国性刊物发表及全国性学术会议宣读论文433篇，在地方性学术刊物发表943篇，获得专利8项。截至1996年，佳木斯医学院已经设有地甲病研究所、小儿神经精神病研究所、药物研究所、医学遗传研究所、口腔医学研究所5个省级研究所。

有了教学科研作为保障，学院在这个时期加强了两个医院的建设，旨在提高医疗服务质量，以建设现代化文明医院为奋斗目标，不断深化医院改革，取得了显著的社会效益和经济效益。第一附属医院全院医务人员1985—1986年开展新技术新疗法700多项，获卫生厅医疗新技术应用奖近140项，其中一等奖10项、二等奖39项、三等奖80多项、荣誉奖4项。

1988年，第一附属医院呼吸内科副教授王庆让等，采用支气管动脉插管药物灌注方法治疗中晚期肺癌，取得了明显疗效。应用支气管动脉药物灌注，为中晚期肺癌及不能手术的中心性肺癌病人的康复，开辟了一条新途径，为黑龙江省医治中晚期肺癌填补了一项空白。

1990 年 3 月，第一附属医院耳鼻喉科主治医师李明在张造华教授指导下，为久治不愈的患三叉神经痛的患者施行三叉神经微血管减压术及感觉根切断术。术后，疼痛完全消失，无后遗症，达到了不再复发的根治效果。病人住院半个月即痊愈出院。这项手术在黑龙江省是首次成功。

1991 年，第一附属医院胸外科李长安教授等刻苦攻关，采用体外循环与常规手术相结合的新方法，成功地完成了三例主动脉瘤切除并重建人工血管，疗效令人满意。这一手术填补了三江地区外科治疗主动脉瘤的空白，达到了国内先进水平。

1990—1991 年 4 月，第一附属医院眼科采用“现代囊外术”“人工晶体植入术”等新技术，完成白内障复明术 68 例，均取得了良好效果。眼科教授刘远光在省内率先采用冠状头皮瓣切口、经颅腔摘除肿瘤的方法。小切口巩膜隧道无缝线方法植入人工晶体治疗白内障，填补了黑龙江省眼科界的空白。黑龙江省最先引进俄罗斯青光眼双滤过手术方法，获省新技术应用奖。引进美国青光眼减压阀移植术，达到了国内先进水平。

1987 年 9 月 23 日，经黑龙江省卫生厅批准，国内首家以小儿脑性瘫痪及小儿神经系统疾病的防治和儿童、成人运动功能障碍的康复为主的教学、医疗、科研相结合的机构——黑龙江省小儿脑性瘫痪防治疗育中心——在佳木斯医学院成立。1994 年，被卫生部科教司确定为“康复医学人才培养基地佳木斯培训中心”。康复中心成立后至 1996 年，共收治病人 6372 人次。其中，小儿脑性瘫痪病儿 1836 人次，神经系统其他病儿 187 人次，成人 4349 人次。前来中心治疗的小儿脑性瘫痪儿来自全国多个省、市、自治区及俄罗斯。

（二）再建佳师专

十年动乱中，佳木斯师范专科学校可谓饱经风霜。“文革”初期，学校损失惨重，被迫解体。1966 年 6 月 6 日，“文化大革命”开始；6 月中旬学校停课。8 月 25 日，学生在校内集合，成立“红卫兵造反团”（后称“8 · 25 造反团”）。8 月 26 日，佳木斯市委举行万人批判大会，会场上，佳木斯师范专科学校数名中老年教师被推到前面戴高帽，会后游街示众，返校后隔离反省，被定为“牛鬼蛇神”。8 月，《炮打司令部——我的一张大字报》发表后，“炸开佳师阶级斗争盖子”“踢开党委闹革命”的口号被提出来了。原“文革”领导小组被勒令解散。学校党政机构陷于瘫痪，各级领导干部“靠边站”。10 月中旬，师生奔赴全国各地进行串联。返校后，开始大规模的“批斗”，校级领导全部被“批判揪斗”，部分教师被诬以各种罪名，被关进“牛棚”，受到“戴高帽游街”“剃鬼头”“唱鬼歌”等多种令人发指的人身侮辱和折磨。

1967年，学校更名为抗大红师校，成为全市“红色造反团”的重要据点。同年6月30日，以“捍联指”为首的造反派，于凌晨3点，攻打抗大红师校。动用水车、棍棒、皮鞭、砖瓦，多人惨遭毒打，学校破坏严重，房屋被拆，图书、仪器及教学设备被洗劫一空，损失殆尽。这就是佳木斯市“文革”期间著名的“六三〇”事件。10月，中共中央、国务院、中央军委、中央文革发出《关于大、中、小学复课闹革命的通知》。由于“六三〇”事件带来的严重后果，多数学生迟迟不敢回校。加之教学设备破坏无存，教师队伍受到严重摧残，有的被关在“牛棚”，不时被揪出批斗，因而无法组织复课。“夺权”斗争中产生的“接管委员会”声称由“造反派”掌管学校的党、政、财、文大权，继续搞派性斗争。1968年暑期，上级主管机关作出决定停办师范，将师范师生员工及仅存的物资设备并入佳木斯农业学校，更名为“五七大学”，佳木斯师范学校解体。

1971年，根据国家计委、国务院科教组向国务院提出的《关于高等学校调整问题的报告》中“工科院校一般拟予保留，农医及师范院校多数拟保留，少数拟改为中等专业学校”的精神，鉴于当时普通中学师资极缺的现状，黑龙江省教育局指示恢复佳木斯师范学校。1975年初，根据地区教育局指示，师范学校在佳木斯、桦南、勃利、七台河、宝清、富锦、汤原、桦川、集贤等十市（县）各设一所分校。分校由所在市（县）的文教科或教师进修学校代管，执行佳木斯师范学校教学计划，由佳木斯师范学校签发毕业证书，迅速地推动了合江地区中等师范教育的发展。这一时期，由于受到“四人帮”极“左”路线的干扰，学校工作受到严重影响，但在校领导及全体教职工的辛勤努力下，学校的建设仍取得一定的进展，并为服务区教育事业培养出一批急需的人才，为以后再建佳木斯师专打下了基础。

1976年10月粉碎“四人帮”后，全国教育战线拨乱反正。1977年初，“开门办学”的农化专业和数理专业回校上课，并恢复化学专业、数学专业、物理专业。学校调整了教学计划，加强了基础理论教学，减少劳动课。同时重视学生的思想政治教育与管理，在教务组内增设学生工作组，负责学生学籍管理，兼做学生宿舍管理工作。学校教学秩序有了新的起色，教学质量得到相应提高。1978年初，在合江地委的关怀下，由地委、地区教育局、师范学校组成五人师资选调小组，到佳木斯市及合江地区所属各市县中学选调40余名大学本科毕业、有较为丰富教学实践经验的中青年教师来校任教，加上原有教师，初步形成了一支较有实力的教师队伍。

1978年4月，全国教育工作会议在北京召开。这是粉碎“四人帮”后教育战线拨乱反正的一次盛会，时任副校长的姚洪璋同志出席了这次会议。会后，他向全体教师传达了会议期间中央领导同志的讲话精神，广大教师深受鼓舞。1978

年暑期，新建的5000平方米教学楼投入使用，较大地改善了办学条件。12月，党的十一届三中全会在北京召开，全党把工作重点转移到社会主义现代化建设的轨道上来。

1978年12月28日，经国务院批准，在佳木斯师范学校的基础上，再建佳木斯师范专科学校。从此，学校的发展进入了一个新的历史时期。到1993年2月，发展为11个系13个专业，在校生达到1864人。并从1988年起，连续三年在中文、数学、物理三个专业招收325名四年制本科生。教职工增加到420人。1988年，国家教委首批表彰奖励全国26所“为基础教育培养合格师资，方向明确，成绩显著”的先进师范专科学校，佳师专是黑龙江省唯一获奖者。

1993年2月，原党委书记张子贤同志调任哈尔滨师范大学，省委任命张少杰同志为佳木斯师专党委书记。同年12月，省委决定张少杰同志兼任佳木斯师专校长。从1993年2月到1996年11月，学校进入了一个前所未有的全面发展时期。学校发展为12个系21个专业，全日制在校生2555人。成人教育学员2423人，其中除大专生外，还有本科生及中专生1000余人。《人民日报》、中央电视台等14家新闻媒体，对学校办学事迹作了宣传报道。中央电视台的《东方时空——东方之子》栏目对张少杰校长进行了专访。

（三）来自国家教委的贺信

1969年12月，中央第八机械工业部按照中央体制管理权限下放的精神，将佳木斯农业机械制造学校下放给黑龙江省农业机械局主管。学校因此在十年浩劫中没有被解散，得以保全下来。恢复办学后，1976年7月，国家教育部批复黑龙江省革命委员会，将佳木斯农业机械学校更名为佳木斯机械学院，隶属关系由黑龙江省领导，学校自此步入了黑龙江省普通高等学校的行列。1982年1月，经国务院学位委员会和教育部批准，学院成为首批有权授予工学学士学位的高等学校。1983年6月，经黑龙江省政府批准，学院更名为佳木斯工学院，时任黑龙江省省长陈雷为学校题写了校名。

从1983年学院更名至1996年佳木斯大学合校前的13年间，是佳木斯工学院真正办大学的历史时期，学院在教学、科研、管理和党的建设等方面都发生了巨大的变化。学院房产总面积由1983年的44661平方米增加到105276平方米，是1983年的2.4倍。其中，教学行政用房由1983年的13185平方米增加到37432平方米，是1983年的2.8倍。特别是兴建的图书馆、阶梯教室、外语分院教学楼、学生宿舍、学生食堂，以及通讯、道路、供水、供电、供热基础设施建设等，使办学条件得到很大的改善，大大增强了办学实力。教学基本建设、教学管理、师资队伍等也都发生了巨大的变化。在校生规模由1983年的918人增加到3200人，增加了2.5倍。专业数由1983年的7个专业发展到本专科共计31个

（本科 16 个，专科 15 个）。全校教职工总数由 1983 年的 787 人增加到 1095 人。专任教师由 1983 年的 210 人增加到 329 人。特别是具有高级职称者，1983 年只有 3 名副教授，到 1998 年，学院已拥有教授 18 人、副教授 96 人。教师队伍的学历结构和年龄结构也都发生了显著的变化。

在此期间，作为学院工作中心的教学工作走过了艰苦的历程，特别是在 1994 年开始的国家教学工作合格评价，在学院发展史上谱写了光辉的篇章。1994 年 8 月 11 日，国家教委高教司下发教高司〔1994〕168 号《关于在部分高等工业学校开展教学工作合格评价试点工作的通知》，将佳木斯工学院正式确定为参加合格评价试点工作的全国 9 所院校之一。

学院从 1994 年 9 月 14 日开始，到 1994 年 12 月 17 日止，开展了百天会战的自评工作。1994 年 9 月 14 日，学院召开党政联席会议，会议提出了学院开展评价工作的安排意见，并决定成立"教学工作评价领导小组""教学工作评价专家组""教学工作评价办公室"。

省教委领导和有关部门也都非常关心与重视学院的评价工作，多次听取评价工作汇报。1994 年 11 月 7 日，主管高校工作的省教委副主任董浩带领王明志、吴晓滨、王明彦、王广勋等组成的省专家组来校检查指导评价工作，提出了《对佳木斯工学院教学工作评价的意见》。

1994 年 12 月 17 日，国家教委专家组一行 7 人乘火车抵达佳木斯进行教学工作评价考核。次日，专家组与省政府及省教委领导交换了意见。1995 年 7 月 9 日，国家教委下发了《关于转发高等工业学校本科教学工作评价专家组对天津城建学院等九所学校教学工作评价意见的通知》（教高司〔1995〕110 号），同时附专家组《对佳木斯工学院教学工作评价意见》。

学院根据专家组离校时交换的意见和建议及国家教委《通知》中转发的"评价意见"，开始了为期一年的整改与建设。学院根据专家的"评价意见"中对学院存在的重要问题（3 个方面共 10 个问题）及对今后工作的建议（共 6 项建议），结合学院开展自评中发现的问题，开始进行认真的整改和建设。

1995 年 8 月，国家教委高等教育司工科处长刘志鹏到学院指导工作。1995 年 11 月 8 日，《中国高等教育》记者陈浩、徐越来校采访，并在《教学质量百校行》专栏发表了"念好质量经，争过合格关——佳木斯工学院教学工作评说"，该文在校内外引起强烈的反响。

合校前夕的 1996 年 8 月，国家教委正式印发的《关于公布佳木斯工学院等三所高等院校本科教学工作评价结论的通知》（教高〔1996〕18 号）中提出："根据我委高等工业学校教学工作评价专家组的评价和复查意见，我委经过认真研究，确定佳木斯工学院、淮海工学院、新疆石油学院本科教学工作的评价结论为合格（合格证书另行颁发），特此通知。”

1996年12月26日，国家教育委员会副主任周远清给佳木斯工学院发来亲笔签名的新年贺卡及贺信。贺信全文如下：

祝贺与期望

——新年寄语本科教学工作合格学校佳木斯工学院

在过去的一年里，贵校通过了国家教委本科教学工作合格评价，广大师生员工为此付出了辛勤的劳动，谨向你们表示热烈的祝贺和亲切的慰问，并祝你们新年愉快！

希望你们在新的一年中，继续重视和抓好教学工作，巩固和发展教学评价取得的成果，不断深化教育改革，努力提高教育质量，为我国社会主义现代化建设事业作出更大的贡献！

国家教育委员会副主任　周远清

一九九六年十二月

这封信，既是对学院教学评价工作的总结，也是对全院师生员工的鞭策和鼓舞。这封信与合格证书，都将伴随着走向合并的佳木斯工学院载入史册。

（四）走出生存危机的地方大学

原佳木斯大学在经过四年多的艰苦创业后，发展较快，学校粗具规模；但由于学校基础薄弱，发展时间较短，办学规模、教学仪器设备总值、馆藏图书数量和师资队伍结构等硬性指标距国家关于高等专科学校设置的主要目标要求尚有较大差距。1989年国家教委发出通知，将对普通高校按照标准进行检查验收，对不达标学校，将对其撤销或归并。初创伊始的学校面临着严峻的生存危机。

1990年，国家教委对佳木斯大学亮出“黄牌”，限制招生。市委、市政府下定决心对佳大进行充实整顿，扩大其规模，继续办下去。同时，作出重要决定：再投入60万元，分三年拨付，增加教学仪器，并同意新建4500平方米的图书馆和实验楼，购买与佳大仅一墙之隔的农行干部学校。1992年5月，市政府向省政府发出《关于进一步完善佳木斯大学的请示》，引起省政府和省教委的高度重视。省教委副主任董浩偕佳木斯市副市长王志中、佳大校长朱庆生等一行五人，专程赴国家教委，就佳木斯大学自我完善问题进行了认真汇报。国家教委表示：从这所学校过去在人才培养方面所作出的贡献及今后佳木斯经济技术开发区的建设，确实需要这样一所大学，国家教委同意省教委及佳木斯市政府进一步完善佳木斯大学的意见，并同意恢复佳木斯大学1992年招生工作。1992年恢复招生后，学校出现了新的生机。1992 年统招 124 人；1993 年统招 100 人，招收自费生 300 人。除毕业生外，在校生数恢复到 524 人。同年，学校对外交流也有了新的发展，与俄罗斯堪察加州国立师范学院建立了校际联系。双方签订了互派教师到对方学院授课、进行教育交流的协议。双方的教育交流不仅加深了友谊和了解，也为学校培养俄语人才提供了重要帮助。

1994 年，高职教育发展的环境发生了新的变化，同时也出现了高校体制改革的重要契机，因而使学校在艰难的前进中看到可以摆脱困境的希望。在全国高校体制改革的推动下，黑龙江省准备把规模较小、办学效益不高的省属高校进行合理的调整，重组合并。高职教育大环境的变化，也为高职教育的发展创造了宽松的氛围。1996 年 3 月，省教委在牡丹江市召开了黑龙江高等职业大学工作会议，充分肯定了黑龙江省四所地方职业大学对地方经济建设与社会发展作出的重要贡献，随之各项政策更加明晰。大环境的变化、新政策的出台，为佳木斯大学的发展创造了有利的空间机遇。

1994 年春季开学以来，学校从改革入手，陆续出台改革措施，严格管理与思想工作相结合，建章整制，对长期脱岗又不接受教育的人员进行了严肃处理。先后出台了《教师工作量及课时补助规定》《教师奖励和教学事故处理办法》《教学常规管理规定》等一系列文件。在此基础上，坚定贯彻以教学为中心，召开了首次教学工作会议。这次教学工作会议既认真总结了建校以来独具特色的教学成果，也交流了被实践证明是成功的教学经验，并对职业大学的办学规律、教学模式进行了深入的探索。与此同时，在加快教师队伍建设、改革教学内容和方法方面，也逐步实施了一系列改革措施，并产生了较好的效果。1995 年上半年，学校以东道主身份承办了东北三省职业大学工作会议，与会者对佳大稳定教学秩序和教学管理方面的改革措施及成果都予以了充分肯定。学校在经济十分困难的情况下，为改善办学条件，进一步加大了投入力度，投资 40 万元，购置了 35 台微机，扩建完善了微机实验室，缓解了微机数量少且质量差的矛盾；更新了财会模拟室和语音室；投入 6 万元改善阅览室的条件，馆藏图书由 3.4 万册增加到 5.3 万册；学校还先后投资 90 万元，更新、改造了学校的基础设施，扩建了 1500 平方米的学生宿舍；绿化了校园，美化了环境。1995 年 9 月，学校借十周年校庆活动之机，进一步振奋全校师生的精神，扩大学校的影响，提高学校的知名度，推动了各项工作的进展，向社会集资 20 万元，成立了特困生基金会。这对于 20% 的特困生来说是一个巨大的鼓舞。

学校专业建设也有了新的发展，新增了物业管理、文秘与办公自动化等专业。成立了校系两级重点专业建设领导小组，确定了重点专业、学科带头人和学科建设骨干。

1985 年 9 月—1996 年 11 月，原佳木斯大学在 11 年独立办学期间，教师队伍的结构发生了较大变化，整体素质有了明显提高。到 1996 年底，副高职以上职称人数达到 24 名，其中 21 名是教师系列，讲师 88 人。这 11 年中，教学条件有了重要改善，教学设备积累了 200 万元，固定资产增加近 800 万元，为国家输送了 1400 多名毕业生，培养了 3000 多名各类短缺人才，为佳木斯的经济建设和社会发展作出了重要贡献，曾被佳木斯市委、市政府誉为掌上明珠。原佳大人在艰苦创业、不畏艰难、继续前进中，为佳木斯大地留下了一行深深的足迹。

今日华章

20世纪末，中国高等教育改革如大潮激荡，盛况空前。佳木斯大学卓立潮头，激流勇进，成为中国高校群体中脱颖而出的一颗新星，跃起在祖国的最东方，以她璀璨的光芒，跨越时空，不断前进，在21世纪初高等教育改革的百舸争流中熠熠生辉。

1996年11月15日，中共黑龙江省委任命张少杰为党委书记、吕学诜为校长，组成新佳木斯大学领导班子。

1996年11月21日，在佳木斯市市委党校礼堂召开佳市四所高校副处级和副高职以上同志参加的大会，宣布省委关于四所学校合并为佳木斯大学的决定，佳木斯大学正式挂牌成立。

一、合校合心　破茧成蝶

从1996年11月21日至今（本书截稿时间为2013年6月），合校后的佳木斯大学已经走过了十七年的历程。十七年间，佳大人抓住了高等教育管理体制改革赋予的机遇，抓住了由精英教育向大众化教育转变的机遇，抓住了由规模发展向内涵发展转变的机遇，咬定发展不放松，团结奋斗，求真务实，锐意进取，科学发展，创造性地实现了合校、合心的完美蜕变，成就了新佳大的跨越式发展。这十七年，可以说是披荆斩棘、艰苦创业的十七年，是与时俱进、开拓创新的十七年，也是奋发有为、事业有成的十七年。合校伊始，校党委就统一了思想，提出"以人为本，服务地方"的办学理念和"科学定位，找准目标，发挥优势，办出特色"的办学思路，在全省高校中较早制定出较为科学合理的佳木斯大学章程和十年发展规划。初步确定了经过若干年努力，把佳木斯大学建成省属高校中规模较大，学科齐全，以本科教育为主，主要为区域经济发展和富民强省服务的，在省内、国内有一定影响的新型综合性大学的奋斗目标。十七年，新的佳木斯大学经历了四个发展阶段。

一是磨合发展阶段（1996年11月21日至1998年1月）。合校伊始，校党委就确立了“积极、审慎、团结、稳定”的合校方针，重点把握“团结、稳定”这一前提，积极营造“合校合人心，合心创大业”的良好氛围。这一阶段主要是调查研究，统一全校干部群众的思想认识，提高对合校重大意义的认识，做好干部群众的思想稳定工作，通过实际工作对干部进行考察了解。学校先后召开了30多个座谈会，宣传合校的意义和新佳大的美好前景。通过一年时间各学院相对独立的运行，以及艰苦细致的思想政治工作，全校上下统一了思想认识，在合校工作上达到了空前的团结和统一，为下一步学校的改革与发展奠定了坚实基础。

二是融合发展阶段（1998年1月至1999年下半年）。这一阶段重点把握“积极、审慎”的原则，全面实施了合校工作，人、财、物大学统一领导，实现了“五统一”。打破了四个副厅级学院建制，按照学科群重新进行了学科调整，将合校前的70多个处级机构调整为28个，又精简到18个。按照干部“四化”标准，重新任用了中层干部，顺利实现了校院两级管理。以合校三周年庆典为标志，合校工作初步完成预期目标。

三是规模发展阶段（1999年下半年至2006年下半年）。这一阶段学校重点把握“改革与发展”这一主题，与时俱进，开拓创新，抢抓机遇，加快发展。面对蓬勃发展的高教改革态势，校党委一班人始终坚持科学发展观，率领全校教职员工不断创新，坚持以教学为中心、科研为支撑、发展为主线，着力改善办学条件，全面提高教育教学质量，加速学科融合和资源重组，在专业建设、学科建设、师资队伍建设、办学效益、院系管理等方面，打破原有格局，努力实现资源共享、优势互补。学校各项事业快速发展，各项工作步入良性、快速、健康发展的轨道，实现了跨越式发展的目标，重新构建起具有鲜明特色的地方综合性大学。

四是内涵发展阶段（2006年下半年至今）。学校牢牢把握高等教育发展的阶段性特征，提出质量、管理和特色并重，坚持“稳定规模、提高质量、办出特色、服务社会”的办学思路，深入实施“本科教学质量与教学改革工程”，不断加大教学、科研与学科建设的投入力度，进一步把全校师生的智慧和力量凝聚到抓教学、科研和学科建设工作上来，学校的办学质量不断提高，办学实力不断增强。2008年，学校成为黑龙江省十所重点建设的高水平大学之一；2009年，学校成为博士立项建设单位；2013年，接受了国务院学位办博士学位授权单位整体验收。目前，学校正积极落实教育规划纲要精神，以“十二五”发展规划为指导，努力建设有特色、高水平的大学。

二、 硕果累累 谱就华章

合校以来，学校始终坚持教学工作中心地位不动摇，把教学质量作为学校各项工作的生命线。召开了四次全校性教学工作会议，并把 2002 年作为全校的“教学质量年”。2003 年，召开了学科建设和专业建设工作会议。2007 年，开展了“课堂教学年”活动。2011 年，学校举办了教风学风大讨论活动，召开了教育教学工作研讨会议。全面开展了专业培养体系、学科建设体系、师资提高体系、质量监控体系、支持保障体系、学生培养体系、校园文化体系、科技创新体系等八大体系建设，构建面向 21 世纪的教学科研工作发展的新框架。

学校结合黑龙江省经济和社会发展需要，五次修订了教学计划、教学大纲，规范了教学秩序。依据合校优势，进行专业建设和改造，将 14 个专科专业改造成本科专业，新增设了 30 个本科专业。适应本省、本地区经济和社会发展需求，增设了交通运输、国际经济贸易、无机非金属材料、物业管理、生物医学工程、教育技术学、物流与仓储、医药营销等专业，构建了工学、医学、文学、理学和管理学五大平台。同时，制定了校内专业、课程评估体系，投入了 3 亿多元用于购置教学仪器设备，改善了教学条件，确保了教学质量的提高。有计划地引导教师和管理人员进行教学研究工作，十几年里申报了教学研究课题 1000 多项。“十一五”期间，获国家“十一五”课题 5 项、省新世纪教学改革项目 114 项，获国家级教学成果二等奖 1 项，获省教学成果一等奖 3 项、二等奖 22 项，获省人文社科教学成果二等奖 2 项、三等奖 5 项。2007 年以来，学校认真实施教育部“本科教学质量与教学改革工程”，进一步加强了重点专业、重点学科、重点课程建设，康复、口腔、材料、药学、机械等一批有特色的学科逐步凸显。省级重点学科由合校初的 2 个增加到现有 3 个一级学科和 4 个二级学科，26 个校级重点学科；省级重点专业由合校初的 4 个增加到 11 个，现有 3 个国家级特色专业、14 个校级重点专业、5 个校级重点扶持专业；省级精品课程增加到 13 门；建成 3 个省高校重点实验室。

学校积极推进素质教育和创新教育。组织了国家级课题“创新型教学模式研究与实践”的开题和实施工作，出台了一系列加强素质教育的措施，积极倡导在学生中开展第二课堂和社会实践活动。从 2002 级学生起，实行弹性学分制，设立了 21 个辅修专业，实施了“名师工程”“名人工程”，试行了导师制、双学位制、双专业制。积极开展教学竞赛、教学“双十佳”、“双语教学”等活动，逐步把有条件的实验室办成开放式实验室。公共、基础和专业基础课实验开出率已达 100%。大学生参加国际、国内数学建模竞赛，共获 31 个奖项。在 2001 年美国第16届大学生数学建模竞赛中，学校4支代表队全部获三等奖，跨入国际数学建模竞赛的先进行列。大学生参加中俄大学生数学奥林匹克竞赛5届，5次获团体总分第一名。在2001年全国高师类学生英语技能竞赛中，有3人获一等奖。在2007年黑龙江省第四届“笹川杯日本知识竞赛”中，佳木斯大学代表队夺得第一名。在2002年全国体育教育专业学生基本功大赛中，学校代表队取得总分第13名的好成绩，是黑龙江省参赛史上的最好成绩。2004年，学校轮滑球队代表中国参加了在日本举行的第十届亚洲轮滑球锦标赛，荣获第四名，是中国代表队参加此项赛事的最好成绩。2004年7月，佳木斯大学成功承办了全省第十三届大学生运动会，佳木斯大学金牌总数居全省第一。2008年以来，学生参加全国大学生电子设计竞赛，获得黑龙江赛区一等奖2项、二等奖1项和三等奖1项。在2011年全国首届TI杯物联网创新设计竞赛中，获国家级三等奖1项。2011年，在首届黑龙江省大学生创业大赛中，学校翼翔团队“机械式高楼火灾逃生器”获得冠军，并获得15万元创业孵化种子基金支持。2005年，“佳音妮”组合获得教育部颁发的全国首届大学生艺术展演比赛声乐专业组二等奖。2011年，在第二届全省大学生艺术展演中，获得一等奖4名、二等奖2名、三等奖1名。2012年，学校选送的舞蹈《军训》代表黑龙江省参加在杭州举办的全国大学生艺术展演活动，获得国家级二等奖。

合校以来，学校始终把人才资源作为第一资源，大力推进人才强校战略。从2000年开始，学校累计投入1000多万元，实施了“1511工程”，培养了64名博士生、445名硕士生和同等学力人员，有2892人次得到各级各类培训，教师的教学水平和科研能力普遍有了较大提高。实施了“教学名师”“青年教学名师”培养规划，评选出50名教学名师和9名青年教学名师。从2005年开始，学校又实施了“1812工程”；2009年，学校出台了《关于加强师资队伍建设的决定》，实施“人才引进工程”“人才培育工程”“团队建设工程”；2011年，开始启动“百人计划工程”，评选出国内领军人才7人、省内领军人才9人。学校现有教职工5114人，其中高级职称1590人；拥有林尚扬、钟世镇、孙传尧、李兰娟、蒋亦元等5名共享院士；拥有在国内同领域中享有盛名的“中国小儿脑瘫康复之父”李树春教授、遗传学专家吕学诜教授、微生态学专家杨景云教授、昆虫学专家张雨奇教授；拥有“龙江学者”张二林教授、李慕勤教授；拥有全国模范教师罗佳滨教授，省级教学名师李晓捷教授、张凤杰教授、王淑秋教授等一批在省内乃至国内颇具影响力的中青年专家；涌现出一大批像乔广生和白书阁一样严谨治学、教书育人，几十年如一日地把自己的一生奉献给祖国教育事业的优秀教师；学校现有省高校新世纪优秀人才3人，省级优秀硕士研究生导师7人，兼职博士生导师13人，省级优秀教学团队2个。

学校不断坚持服务地方观，加强学科建设，加大科研投入，努力为地方经济建设服务，努力为科研人员创造条件，调动了他们从事科学研究工作的积极性。合校初期，学校每年的科研经费总额为10万元左右，2011年达到近千万元；从事科研的人员由合校初期不足200人达到现在的1500余人。特别是“十一五”期间，学校获28项国家自然科学基金项目、6项国家“863计划”子项目、1项“973计划”子项目、2项国家社科基金项目；获教育部人文社科研究项目10项，科技部科技支撑项目2项、科技服务企业项目3项、中俄政府合作项目2项，卫生部重大项目1项，教育部留学归国人员科研项目3项；获省自然科学基金项目、省科技攻关项目、省哲学社会科学规划项目等330多项；获得包括省科技进步二等奖等省级奖项30项；学校荣获全省“十一五”科技系统先进集体荣誉称号。学校发挥合校资源共享，学科、人才交融互补的优势，集材料、口腔医学、化学与药学、基础医学于一体，投入253万元，成立了具有显著特色的黑龙江省生物医学材料学省级重点实验室，组成了有院士参加的学术委员会，实验研究人员中具有博士学位教师有6人，使这个重点实验室成为国内一流实验室和省内开放性实验室。2009年，学校组建了材料科学与工程中心、药学化学实验中心、生命科学实验中心、农业机械工程实验中心、信息控制计算机实验中心和人文社科研究中心，获批教育部金属耐磨材料及表面技术工程研究中心。学校鼓励科技人员面向经济建设主战场，积极开展应用研究，予以资金支持，镶铸截齿技术、功能性除雪机、高合金护板、硬质合金钻头等一批重点应用项目已通过鉴定并与企业签订了生产合同。佳木斯大学是哈外院校唯一的北药开发办公室成员单位，在推进北药开发进程中，学校充分发挥药学专业优势，调动科研人员积极性，走“产学研”相结合的道路，研发的镇痛灵注射液、降醇灵胶囊、乳腺康注射液等项目均通过了国家卫生部鉴定，陆续投入生产，已在全国市场销售。近年来，学校与七家国有大中型企业签订了校企合作协议，成立了校企合作委员会，加快了科研成果转化的步伐。目前，学校科技人员与佳木斯市70%的大中型企业有合作关系，为企业创造了显著的社会效益和经济效益。

合校以来，学校的全日制在校生由合校时的8500多人增加到2011年的全日制本专科学生22922人，在校硕士研究生由97人增加到1660人（其中全日制1202人、在职硕士研究生411人、留学研究生47人），每年长短期留学生达到700人左右，成人教育学生12560人。硕士学位授予点由合校初的9个发展到现在硕士学位授权一级学科10个、二级学科7个，涵盖法、文、理、工、医、艺术等六大学科门类。学校于2000年成为在职人员申请硕士学位授予权单位和临床医学硕士专业学位授予权单位，2009年获得高等学校教师在职攻读硕士学位授予权和口腔医学硕士专业学位授予权，2010年获得工程硕士（机械工程领域、材料工程领域）专业学位授予权，2012 年获得临床医学（全科医学领域）专业学位授予权，2013 年接受了博士学位授权单位整体验收，即将成为博士学位授权单位。

学校在学生工作中始终坚持以培养高素质人才为中心，坚持以邓小平理论、“三个代表”重要思想教育和引导学生树立正确的世界观、人生观、价值观，以开展丰富多彩的校园文化活动、第二课堂活动、社会实践活动、青年志愿者活动为载体，陶冶学生的思想情操，使学生的综合素质、创新能力和就业竞争能力有了新的提高。在 1998 年抗洪期间，学校涌现出 7 个省、市抗洪抢险英雄突击队和 10 余名抗洪青年英模；在抗击“非典”的斗争中，全校师生经受了考验，升华了精神，实现了新的飞跃；在“5・12”汶川大地震期间，全校师生情系灾区，以不同的方式表达对灾区人民的支持。学校成立了大学生心理健康与咨询中心，建立了“奖、贷、减、免、缓”的特困生资助体系，成立了大学生勤工助学基地，全面实施了“大学生爱心工程”，实现了“不让一名学生因家庭困难辍学”的目标。学校的招生和就业工作也取得了显著成绩。招生范围延伸到全国 31 个省（市、自治区），生源结构日趋合理，质量逐年提高，扩大了学校知名度，进一步加强了就业工作。在省属高校中率先成立了就业指导中心，建立了“领导主抓、部门统筹、院系为主、全员参与”的就业工作体制，广开就业渠道，完善就业指导体系，通过内引外联、举办供需见面会、定向培养、建立基地和就业网络等形式，加强就业指导，帮助学生转变就业观念，积极为毕业生拓展就业空间，毕业生一次就业率稳步提高。

合校以来，学校始终坚持以发展为主线，根据科学发展观，合理布局学校各项事业，办学条件、校容校貌发生了历史性变化。学校千方百计筹措教育经费，大力改善办学条件，争取专项资金 5450 万元，学校自筹基本建设资金 22522 万元，累计银行贷款 70000 万元，基本保证了学校基本建设的需求。学校投资兴建及改扩建教学楼、实验楼、图书馆、体育中心、游泳馆等教学用房 22 栋，建筑面积 241767 平方米，总投资 61220 万元；兴建及改扩建学生食堂、宿舍 4 栋，建筑面积 29277 平方米，总投资 6309 万元；投资兴建留学生、研究生公寓各 1 栋，建筑面积 24200 平方米，总投资 3495 万元；购置土地、整修道路等项目 7 个，总投资 5118 万元；引资兴建学生宿舍 8 栋，建筑面积 78614 平方米，总投资 8000 余万元。购置了 45 万平方米的土地，使学校占地面积由合校初的 104 万平方米增加到现在的 149 万平方米，建筑面积由 35 万平方米增加到 67 万平方米。学校全面开展了校园美化、绿化、净化工程，对校园周边环境进行了综合治理，被省建设厅命名为“花园式大学”。

学校积极应对加入世界贸易组织和高等教育国际化的新形势，积极开展国际文化、科技交流，实行开放式办学。先后与日本、新加坡、俄罗斯、美国、加拿大、英国等14个国家的39所高校建立了交流与合作关系。与俄罗斯、日本、韩国等高校联合培养了近600名研究生，学校教师参加国际学术交流活动近400人次，来校讲学的国外专家近200人次。2009年，加纳籍留学生爱伟华在“汉语桥”竞赛上，获得全国第六名，并激情亮相中央电视台《非常6+1》节目。2011年，非洲留学生两次参加中央电视台《欢乐英雄》节目录制。佳木斯大学作为东北三省唯一的演出院校，参加了“庆祝新中国接受外国留学生六十周年”纪念演出活动。2010年，“汉语中心俄罗斯阿列赫姆国立大学基地”在俄罗斯犹太自治州首府比罗比詹市揭牌，为在俄罗斯设立孔子学院打下了基础。2003年，学校被国家外国专家局授予“全国聘请外籍专家工作先进单位”称号；2006年，学校被教育部确定为来华留学中国政府奖学金项目委托院校；2007年，学校被批准为国家级引智成果示范单位。

六十六载弦歌化作动人音符，半世纪多峥嵘谱就绚丽华章。今天的佳木斯大学精彩纷呈，桃李芬芳。而未来的她将以深厚的底蕴和宽阔的臂膀，期待着每一位佳大学子在这里放飞梦想。一代又一代佳大人，不会忘记“艰苦创业、求真务实、开拓创新、奋发有为”的佳大精神，不会放弃“团结、勤奋、求是、创新”的坚定信仰，在这片奋发有为的土地上，继往开来，创新实干，为母校的美好明天谱写新的辉煌！

文化品鉴

一所大学之精髓在于文化。60 多年来，佳木斯大学在改革中奋进，在发展中前行，逐步积淀形成了具有佳大人群体特征的文化。在大学文化的指引下，一代又一代佳大人励精图治，锐意创新，历尽艰难而从不畏惧，历经挑战而从不退缩，书写了一段又一段青春颂歌，更将佳大文化代代相传，融入每一个佳大人的血液之中。步入佳大校门的莘莘学子，你们将在以“明德砺学，崇尚实践”的校训精神为核心的佳大文化氛围中茁壮成长，展开你们人生新的旅程。现在，请跟随我们的介绍，亲身领略佳大文化的魅力吧。

一、校训、校徽、校旗、校歌

斗转星移，岁月如歌。回首过去，是什么精神在支撑佳大人不畏艰险，扎根边陲，以昂扬斗志执着前行？那就是佳大文化的精髓所在——校训“明德砺学，崇尚实践”。此校训首先体现了大学共性的内涵，即“德、学、行”。德，指出了办学的大方向，即为谁培养，培养什么样的人；学，指出了人才培养模式，即怎样培养，培养的效果如何，包括培养目标与方法等；行，指的是实践，包括学校教育中对于理论的验证性活动、设计性和综合性的实验、高校的科学研究和社会服务功能。

其次，体现了佳木斯大学个性的实质。“明德”，就是学校师生员工以“德”为立人之本，爱党、爱国、爱民，友天、友地、友人，自强、自省、自悟，旨在培养忠于教育事业和学校发展的管理者，忠于教育教学工作的教师；培养感恩父母、感恩师长、感恩社会、刻苦学习，将来回报社会，忠于国家和人民的学生。“砺学”，就是全校师生扎根边疆，矢志不渝，艰难困苦，玉汝于成；教师坚忍不拔，甘于淡泊，不计名利，勇于奉献；学生能在较为艰苦的条件下，刻苦学习，勤奋努力，持之以恒，永不懈怠。“崇尚”，有推崇、强化之意。“实践”是人们改造自然和社会的有意识的活动，包含三个方面：一是对前人理论的验证性活动，二是发现新理论的过程，三是体现了高等学校的科学研究和社会服务功能。

合而为之，“崇尚实践”之“崇尚”强调“实践”至上，说明佳木斯大学要走实践育人之路，崇尚实践、知行并重，把培养基础扎实、实践能力强、具有创新精神的高级应用型人才作为培养目标。

与之相对应，佳大校徽取绿色代表生命、青春，表达出佳木斯大学充满活力、生机盎然的崭新气象。整体图案向上、积极、有活力，寓意佳木斯大学将以崭新的面貌跨入21世纪。抽象的“人”字，寓意佳木斯大学以育人为本。三条折线象征其地域（三江平原），同时又是抽象的翻开的书的图案，象征知识文化，寓意佳木斯大学是三江平原的文化之地。由新校门提炼的抽象图案，代表佳木斯大学。三个“人”字组成一个“众”字，既表明学校的培养目标——百年树人，同时也表达一所好的大学必须由团结一致、众志成城的人来组成，形成众人拾柴火焰高的气势。

佳大校徽

校旗色彩为绿色，与校徽同色。色值为C：90，M：30，Y：90，K：30。绿色是自然万物的色彩，象征着希望、青春、生机、进取、和谐，代表厚积薄发、拼搏进取的精神。校旗底色是绿色，犹如美丽富饶的三江平原；中间白色寓意绵长深沉的松花江水；校徽和校名跃于其上，象征着在浓郁的地域文化下，佳木斯大学以人为本的跨越式发展进程。整幅旗面视觉效果清新流畅，无限延展，激人奋进。

佳大校旗

以校训为创作基础的“佳木斯大学校歌”，概括地反映了我校的区位概况、特色优势，对全校师生特别是青年学生寄予了希望，主旨突出、语言优美，感情充沛、节奏明快、大气磅礴，既具有学校不断跨越发展的昂扬锐气，又体现青年学子的蓬勃朝气，起到了振奋人心、凝聚力量的作用。“华夏东极是太阳最早最早升起的地方，有一座知识殿堂培育桃李四季芬芳……”今天，当我们一次次聆听校歌时，内心都会由衷地生起一种感动、一种力量，为其彰显的精神而感动，给前行求索以力量。

佳木斯大学校歌

1=F $\frac{4}{4}$

王永宏 刘俊柱 词
朱 季 贤 曲

♩=120 朝气蓬勃、充满活力地

音乐制作：张鹏宇

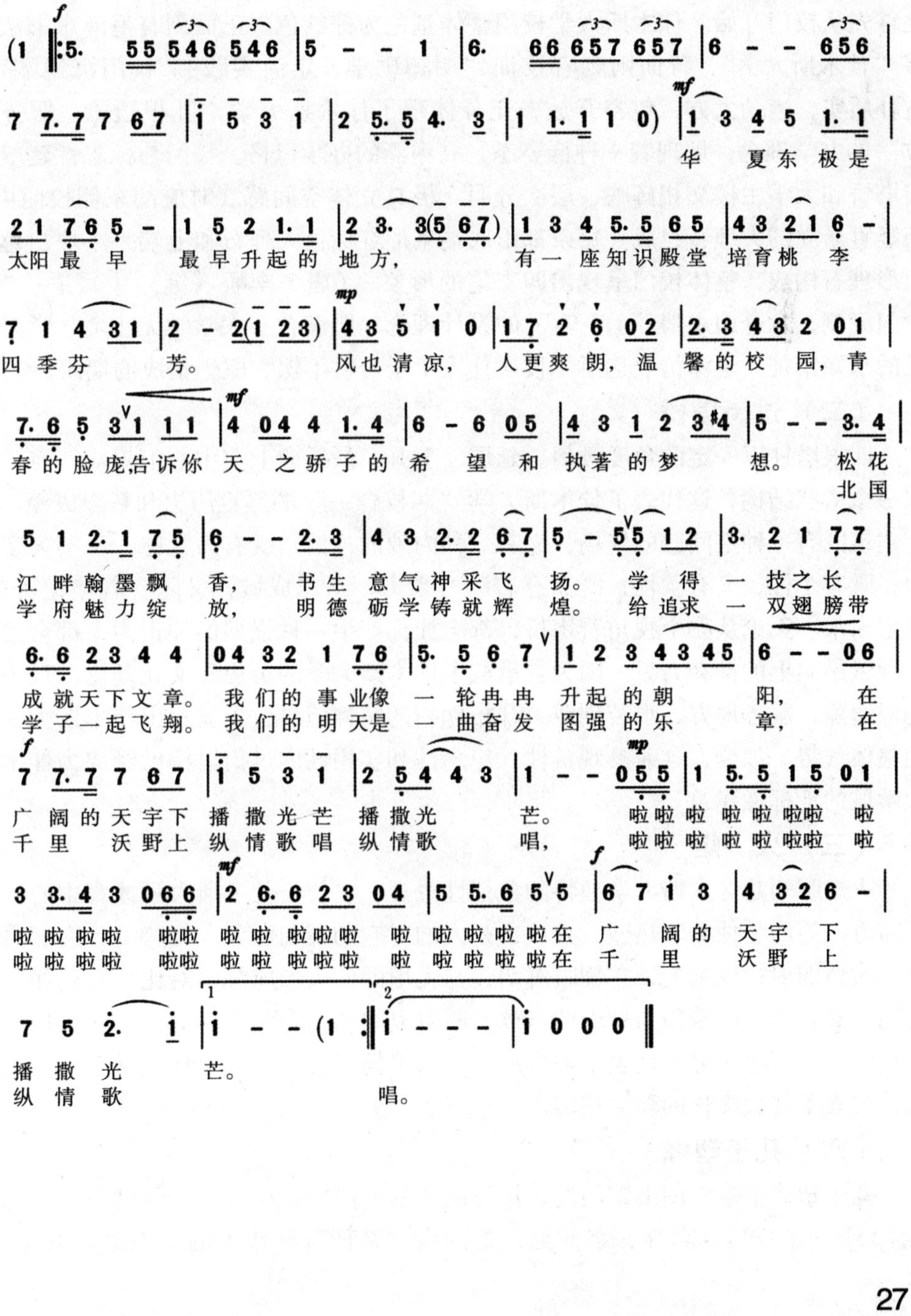

二、承载文化的建筑和景观

（一）校　门

任何一所大学都有自己特有的文化底蕴，而对于每一位学子，认知大学的文化首先从校门开始。佳木斯大学校门整体基色为棕红色。正面刻有毛泽东书法集字“佳木斯大学”，背面则刻着校训“明德砺学，崇尚实践”。校门沉稳端正，古朴质实，遒劲大方，包容开放，充分体现了佳木斯大学“扎根边疆、服务地方”的办学理念，展现着一种低姿态、高内涵的办学风格。校门与标志性建筑过街塔桥和大学主楼交相辉映，层次分明，极具立体空间感。对应的东侧校门由4条竖直矗立的大理石组成。每条都由底端条形红棕色大理石和上端一小块白色三角形理石构成，整体校门呈现出四支笔的形象。（唐·李峤《笔》中写道：“握管门庭侧，含毫山水隈。”）“笔”的设计理念，既蕴含了大学学无止境、学海无涯的求知精神，也深情表达了学校对佳大学子苦耕不辍、驭笔集成的期盼。

（二）过街塔桥

四根塔柱以一定的角度倾斜、延展、上升，最后向上空中心汇聚成一点，形成一个塔状结构，这代表了佳木斯大学“四校合一”的厚重历史和辉煌成绩。整个建筑既有一种空间感的气场，又有一种内敛的神韵；既有力量感，又不失亲和力；既有个性，又有柔性；既寓意着凝心聚力、众志成城，又隐含着铭记历史、展望未来。无论从哪个视角看塔桥，都会让你产生一种强烈的冲击力，都会给你一种激昂向上的推动力量。因为它承载了佳木斯大学的历史和文化理念，代表了扎根边陲、服务地方、艰苦创业、开拓创新的精神境界，更显示出佳木斯大学城的整体气势。如今，这兼具观赏性、纪念性和实用性的过街塔桥已经成为佳木斯大学城的地标性建筑。

（三）火　炬

火炬雕塑是佳木斯大学独特的象征性景观，它位于佳木斯大学体育中心广场正前方。简约、抽象、热烈、奔放，是人们对它的最初印象。气势上，它蒸蒸日上、激情四射；视觉上，它耀眼鲜明，与无垠的蓝天形成鲜明对比。它犹如一团火焰，燃着春天的希望与秋天的丰硕，暖着夏季的书香和冬季的典藏。火炬代表了科学精神深邃无穷，代表了青春魅力无限飞扬，代表了万千佳大学子的中国梦想，代表了佳大文化的薪火相传。

（四）孔子塑像

孔子塑像坐落在图书馆门前，像身高4米，由一整块花岗岩雕刻而成。孔子（前551—前479），名丘，字仲尼，鲁国人。春秋时期伟大的思想家、教育家。

中国古代社会早期的文化传播者，儒家文化的开创者。曾删定“六经”（《易》《书》《诗》《礼》《乐》《春秋》），创办私学，促使文化下移。佳大学子们每当出入图书馆，仰视他慈祥而深邃的目光，一种追远崇敬之情便会油然而生。经久不衰——冠冕百王，隆千秋祀典；钧陶万物，作百世经师。孔子塑像给校园文化注入了新的内容，它必将变成一种理念和行动，焕发出巨大的教育力量。在这样的校园里工作或学习，必然使广大师生得到潜移默化的熏陶，濡染着大师的人格和智慧，感受中华民族传统的优秀文化。气备四时，与天地日月鬼神合其德；教垂万世，继尧舜禹汤文武作之师。大师的精神必将融化到我们的血液中，也必将对佳木斯大学的可持续发展起着重要的推动作用。

（五）希波克拉底塑像

希波克拉底塑像坐落在佳木斯大学一区 A 院 118 实验教学楼前南侧，像身高 1.8 米，由一整块花岗岩雕刻而成。希波克拉底，被西方尊为“医学之父”。希波克拉底在诸神面前立誓，当每个病人把身体托付给医生的同时，医生也把自己的灵魂袒露给神。医生在凭着良知、运用自己精妙的技艺为人赢得健康和益寿延年的同时，也向神证明了医生这一职业的神圣和伟大。医学界对伟大的最高能力的理解，得益于希波克拉底。这种神圣和伟大与金钱无关，这是一种职业的伟大，更是一种人格的伟大、道德的伟大，因为它的支柱是良心。希波克拉底所倡导的医学道德，至今依然是每个从业医师最高的道德信条。后来人们把流传两千多年的确定医生对病人、对社会的责任及医生行为规范的誓言，以希波克拉底的名字命名，即“希波克拉底誓言”。如今，面对希波克拉底雕像，希波克拉底精神更将成为在校医学生身心俱美的人格精神的崇高典范。

（六）华佗雕像

华佗雕像与希波克拉底塑像相对。华佗是三国时期著名医学家。少时曾在外游学，钻研医术而不求仕途。他医术全面，尤其擅长外科，精于手术，被后人称为“外科圣手”“外科鼻祖”。他曾用“麻沸散”使病人麻醉后施行剖腹手术，是世界医学史上应用全身麻醉进行手术治疗的最早记载。又仿虎、鹿、熊、猿、鸟等禽兽的动态，创作名为“五禽之戏”的体操，教导人们强身健体。

（七）陶行知塑像

陶行知塑像位于佳木斯大学一区 D 院。“行是知之始，知是行之成”，陶行知先生的行知文化内涵丰富，意义深远，是中国优秀传统文化的瑰宝。行知精神大体包括爱国精神、奉献精神、进取精神、创造精神、亲民精神和求真精神。多年来，佳木斯大学秉承行知精神之脉，经过沧桑变化和岁月沉淀，无论是办学理念还是育人宗旨，无论是学科培养还是文化建设，行知文化的精神传统已升华为一种全方位塑造教育的生命文化，已逐步提升了我们的观念、品味和学养，筑起了代代佳大人的精神之魂，让我们的校园成为充满思想、底气和智慧的校园，成为师生一路进取和成长的精神家园。

（八）砥砺石

漫步佳木斯大学校园，随处可见造型各异、上有警句的石刻散放在草坪之上，将学校深厚的儒韵文化氛围表现得淋漓尽致，而摆放在大学办公主楼东南草坪中央的蕴含佳木斯大学“明德砺学，崇尚实践”校训的砥砺石则更显质朴。“砥砺”二字体势磅礴大气，行笔遒劲有力。书者为原佳木斯市书法协会主席王乃勇先生，雕刻者为金石雕刻大家刘建伟先生。砥砺，原意为磨刀石。《山海经·西山经》：“苕水出焉，而西流注于海，其中多砥砺。”郭璞注：“磨石也。精为砥，粗为砺。”引申为磨砺。《墨子·节葬》：“此砥砺其卒伍。”郭沫若《沸羹集·为革命的民权而呼吁》：“工具必见诸实用，砥砺改进，以期日新又新。”莘莘学子聚佳大，扬梦想之帆，乃砥砺石之意蕴，佳大学堂之期许。故立砥砺石以观。

（九）论语壁

“学问无穷，曾三颜四；光阴有限，禹寸陶分。”论语壁位于主楼的南侧，长约36.6米，高2.8米，厚0.6米。壁东面镶贴的黑色大理石上竖版刻着至圣先师孔子的画像及《论语》遴选篇章。壁西面的黑色大理石上横版雕刻着古文3篇及近现代著名散文6篇：荀子的《劝学》，韩愈的《师说》，范仲淹的《岳阳楼记》，李大钊的《今》，朱自清的《背影》，方志敏的《清贫》，茅盾的《白杨礼赞》，朱德的《回忆我的母亲》，陶铸的《松树的风格》。学子徘徊其前，必得修身养性之真谛。

（十）敬捐石

敬捐石位于解剖馆门前，也叫遗体捐献纪念石。敬捐石正面刻有“逝而不已”四个大字，并写着所有遗体捐献者的姓名，路旁有《敬捐碣记》牌。原佳木斯医学院刘治种教授是佳木斯市捐献遗体第一人，所有为医学而捐献遗体者皆和这位恩师一样，那种尊重科学的精神、高风亮节的品德，永远激励医者要敬爱生命、品德诚仁，他们的辞世重如泰山、善举铭刻胸怀、英名卧磐永存。

（十一）校史馆

明史立馆，思古追远，砥砺后学，鉴往知来。校史馆位于图书馆二楼，面积约1000平方米，是迄今为止东北地区规模最大的校史馆，馆内沙盘目前为东北地区高校中最大的沙盘。展馆包括5个展厅，内容涵盖前言、合校前、合校后、展望未来、大学城建设、佳木斯大学发展建设规划模型、校长寄语和校史馆志八部分。校史馆运用真切的纪实手法和立体时空感的视觉理念，展示了佳木斯大学创建以来学校发展之轨迹、教师之神采、校友之风貌，以及对社会和国家科学文明之贡献，它如一幅深情演绎的历史画卷，凝聚了师友情感，发扬了佳大精神，感召鼓舞了历届师生不忘前事、勇攀新峰，并为后来者留下了弥足珍贵的记忆。

（十二）生物标本馆

佳木斯大学生物标本馆积淀深厚，收藏着一批珍贵的标本，极具科学和观赏价值，成为我校生物分类研究和教学的经典画卷。建于 2005 年，面积近 1000 平方米。该馆是在动物标本室和生药标本室基础上组建的。其中，生药标本室的前身是原佳木斯医学院生药标本室，组建于 1976 年；动物标本室的前身是原佳木斯师范专科学校的动物标本室，组建于 1988 年。这两个标本室的总面积不足 200 平方米，标本来源基本限于本地区。馆藏标本按照分类，系统地展出动物标本 2300 余号、植物和生药标本 700 余号。标本来源既突出黑龙江省东部地区，又兼顾全国各地区的代表物种。展馆的规模在全国高校中位于前列，而标本展出种类与数量在东北各高校中居于首位。生物标本馆的建设过程，充分体现了佳木斯大学合校以来跨越式发展的缩影。虽然它目前尚不能充分展示绚丽多彩的生物界和复杂的生命现象，但生物标本馆的建设是佳木斯大学和省、市共建的成果，同时得到了省、市、合江林管局领导的大力支持，以及社会各界有识之士的帮助（许多珍贵标本是由单位或个人捐赠的），已经成为佳木斯大学生物科学、环境科学、药学、医学等专业的教学基地、科研基地及全市青少年科普教育基地。相信在学校党委和各级领导的指导下、社会各界人士及广大校友的热心帮助下，生物标本馆会逐渐完善和发展，佳木斯大学生物标本馆的建设必将有更加辉煌的未来。

（十三）天文观测馆

天文观测馆位于佳木斯大学实验大楼楼顶，外观为一座超半球体圆顶，总建筑面积 110 平方米。其内分上下两层：下层为观测准备室，设有 CCD 显示器等，可供多人同时观看上层望远镜所观测到的景象；上层是天文观测厅，设有一部由单球天象仪和天文望远镜组合而成的大型天文观测设备，以及与其配套使用的几种附属仪器设备。馆内设备既能演示四季星空变化，也能观测目前出现的天文现象。

（十四）三江区域历史陈列馆

黑龙江、松花江、乌苏里江三江流域历史悠久，早在距今约七千年前，就有作为中华民族重要组成部分的三江各族先民在此生息繁衍。我校三江区域历史陈列馆下设三江区域历史文化陈列厅和赫哲族历史文化陈列厅。三江区域历史文化陈列厅展示了从新石器时代至抗日战争时期的文化遗存，反映出这一地区社会经济发展、行政区划管理、抗击外族侵略及区域开发的基本面貌。赫哲族历史文化陈列厅以鱼皮服饰和风俗剪纸作品为主，再现赫哲族萨满文化和民俗文化内容。

（十五）图书馆

“东壁图书，西园翰墨；九经芳润，二酉精华。”佳木斯大学图书馆是1997年由原四所院校的四所图书馆合并、优化、重组而成的。短短十余年间，佳木斯大学图书馆实现了一连串飞跃式的发展，成功迈进了国内设施齐全、装备先进、资源丰富、素质精良、管理科学的现代化高校图书馆的行列，已经成为黑龙江省东部地区唯一的具备学科综合性、人才复合性、服务区域性的最大的文献信息服务中心。图书馆设有“六部两室”（阅览部、期刊部、流通部、采编部、技术部、信息咨询部、办公室、文献检索教研室）。拥有馆舍面积6.1万平方米。各类馆藏图书300余万册，现刊1600余种。图书馆开馆时间为每周94.5小时，阅览座位10145席，年均接待读者500余万人次，年均流通量为50余万册，生年均20.31册。2005年图书馆新馆落成并投入使用，新馆的使用使图书馆的功能再上一个台阶。新馆设计新颖，装备优良，配置高端，采用目前最先进的自动化管理系统，现有网络万兆端口接入Internet，大量高效的主体设备保证了图书馆的功能外延和运行，远程访问、视频传递、数据发布、无线宽带接入、馆际交流、采编典藏、流通期刊、公共查询等诸项业务均实现了计算机网络化及自动化管理。配有550多台高配置液晶显示电脑的多媒体阅览室在国内也属少见，实行全开放借阅一体化的文献服务模式。图书馆尤其重视数字化资源的开发与建设，现拥有自主开发的特色数据库17个，自建数据库无论是在数量上还是在质量上均走在国内高校图书馆的前列。引进商品数据库16个，极大地丰富了馆藏资源。佳木斯大学图书馆现为CNKI国家一级检索站及超星数字图书馆一级检索站，中国最大的信息资源系统CALIS的共享用户，引进国内最先进的TPI数字图书馆管理系统，构建了数字化建设平台，实现了数字资源的流程化管理及信息资源的网络服务。此外，佳木斯大学图书馆还为读者开展代查代检、馆际互借、信息咨询、科技查新、磁带复制、随书光盘借阅等服务项目。网上虚拟参考咨询平台更加充分地体现了现代图书馆“以人为本，读者至上”的服务理念。目前，图书馆以广大师生为主体的读书活动频繁，学术空气浓郁。

（十六）体育场馆

体育馆、游泳馆、田径运动场是佳木斯大学开展体育教学、训练和课余体育运动的重要场所，各场馆以其先进的设计理念和完备的功能设施，圆满承办过黑龙江省第五届残运会、省第十三届大学生运动会及市内各中小学运动会，受到了社会各界的好评。体育馆、游泳馆、田径运动场成为佳木斯大学展示学校发展成果和实力的重要建筑，成为面向社会、服务市民的体育运动文化场所。“每天锻炼一小时，健康工作五十年，快乐生活一辈子”——这是位于一区D院体育馆门前的一句最真实、最简单的宣传口号，但它却涵盖了开展体育训练、培养体育精神、传播体育文化等方面的丰富内涵——通过开展体育活动，更重视培养学生形成一种奋斗到底不退缩、为社会作贡献或牺牲、合作和帮助他人等方面的优秀品质与人文精神。

（十七）音乐厅

学校音乐厅造型独特，环境高雅，功能齐备，是佳木斯大学音乐人才培养、高雅艺术欣赏、艺术创作与实践基地。它多次承办过黑龙江省文化厅调演比赛和“高雅艺术进校园”演出。近三年来，音乐厅还举办了哈师大留学年轻教师专业汇报演出、上海音乐学院石林教授现场教学、哈师大长笛演奏协会专场、中央音乐学院周莹钢琴独奏音乐会，以及佳木斯大学新年音乐会、学生毕业音乐会和300余场学生艺术实践周演出，充分发挥了提高师生审美修养、满足师生艺术文化需求的作用。

（十八）杏　林

翻开佳大师生的相册，你会发现杏林在佳大师生心中的位置。每年三四月份，盛开时的杏花，艳态娇姿，繁花丽色，胭脂万点，占尽春风。杏是中国著名的观赏树木，其花色又红又白。杏是著名的果木，果实除可生食之外，还可制成杏干、杏脯等。杏仁可供食用、榨油和药用。树龄长，可活一百年以上。十多年以上的老杏树，姿态苍劲，冠大枝垂。杏花有变色的特点：含苞待放时，朵朵艳红；随着花瓣的伸展，色彩由浓渐渐转淡；到谢落时，就呈雪白一片。“道白非真白，言红不若红。请君红白外，别眼看天工。”这是宋代诗人杨万里的咏杏五绝，他对杏花的观察十分细致。杏花是佳木斯市的市花，校园杏林则愈显出佳大人脚踏实地、服务地方的质朴本性。

（十九）杏林湖公园

休闲开放式公园之一，它北邻医学院，南抵站前路，东起杏林路西端，西至长青路杏林桥，占地18公顷。经过近五十年的建设，现在的杏林湖公园环境幽雅，景色宜人：春季杏花满园飘香；夏季绿草如茵，鸟语花香；秋季落叶如毯，满园尽是“黄金甲”；冬季白雪皑皑，尽展北国风光。春、夏、秋、冬构成公园的美景。尤为突出的是公园的“三山一水”，“三山”即为环湖岛、漂流岛、长把岛，“一水”即占地3.23公顷的杏林湖。由于公园建于杏林河中上游，河水穿湖而过，为此得名杏林湖。公园三山相连、水水相环，水中碧波荡漾，数只小船点缀其中，漂流岛瀑布飞流直下，环湖岛、长把岛柳树垂岸，构成公园独特的景致。另外，公园内风格迥异的建筑为公园增添了不少景观，有因形状而命名的罗锅桥，它建于1922年，并于1984年重新建设使用；还有吊索彩虹桥、一孔桥、三岔轿、五孔桥等，并有以各单位名字命名的凉亭、长廊等，为在校学生与市民提供了休闲娱乐的场所。

（二十）双拥公园

双拥公园位于佳木斯大学图书馆北侧，因其系军民共建，故名。公园定位为简洁、大绿，充分利用高低分明的地理优势，打造各类自然文化景观。公园追求平常之美、自然之美。漫步其中，您就能体会到田园牧歌式的感受。公园里的植物仿造自然界植物的生长来培育，而各条碎石小路也如同在乡村邻舍间，曲径通幽。

师者聚焦

韩愈在《师说》中写道："古之学者必有师。师者，所以传道授业解惑也。人非生而知之者，孰能无惑？惑而不从师，其为惑也，终不解矣。"教师是人类灵魂的工程师，不仅起着传授知识、传承文明的作用，而且是学识渊博、经验丰富、积极向上、理智稳重的典范。

梅贻琦先生说："所谓大学者，非有大楼之谓也，而有大师之谓也。"教师在高校中具有举足轻重的作用，是一所大学的名片，是文化传承创新的主要载体，是培养人才的巨大宝藏。

佳木斯大学作为黑龙江省重点建设大学，拥有一大批德才兼备的优秀教师。他们在大学讲坛上不辍耕耘了十几年、几十年甚至一辈子。他们桃李遍天下，才学满五车。如果将佳大视为一面旗帜，那么我们的教师队伍就是一支集结在其麾下能打硬仗、善打胜仗的无畏之师。在本科教学水平评估和博士单位立项建设过程中，在决定佳木斯大学命运的一次次决战中，他们所向披靡，战无不胜！他们是佳木斯大学发展的脊梁，是德才兼备的学术精英，是同学们在这个新家的导师。这里仅以各个学院院长为代表，聚焦佳大的师者，领略师者的风采，感受榜样的力量。（排名不分先后）

李慕勤　女，1955 年 9 月生，哈尔滨工业大学工学博士，"龙江学者"特聘教授，哈尔滨工业大学兼职博士生导师，黑龙江省教学名师。现任佳木斯大学材料科学与工程学院院长，佳木斯大学国内领军人才。黑龙江省重点学科（材料加工工程学科）带头人，黑龙江省材料科学与工程主干课程教学团队带头人，黑龙江省重点专业（焊接技术与工程专业）带头人，黑龙江省精品资源共享课（焊接冶金学课程）带头人，黑龙江省高校重点实验室（生物医学材料实验室）主任，黑龙江省校企共建工程中心（耐磨材料工程中心）主任。现任中国焊接学会堆焊及表面工程委员会副主任、中国体视学会金相分析分会副理事长、中国焊接学会堆焊与热喷涂学会副理事长、黑龙江省表面工程学会副理事长等职。曾获黑龙江省优秀共产党员，佳木斯市"十佳"女科技工作者、"三八"红旗手、"五一"劳动模范、优秀共产党员等荣誉称号。主要研究材料表面改性。近五年主持国家自然科学基金等项目5项，获省科技进步二等奖1项、省自然科学三等奖3项，在国内外期刊发表论文50篇，其中SCI/EI收录20篇，出版学术专著1部，编写教材1部，获国家发明专利2项。主讲材料导论、焊接冶金学、焊接工程技术等本科课程和材料连接理论、生物医学材料、材料表面与界面等研究生课程。

高振歧　男，1965年3月生，教授，音乐与舞蹈学科带头人，硕士研究生导师。现任佳木斯大学音乐学院院长，中国音协合唱协会会员，黑龙江省音协理事，佳木斯市音协副主席。近年来，先后在国家及省级学术期刊发表了《什么是音乐教育》《如何发展学生的音乐学习能力》《高师音乐专业教学改革》等学术论文10余篇。先后主编、副主编《合唱指挥基础教程》《音乐欣赏》等教材7部。主持、参与完成了“高等音乐专业教学质量监控体系的研究与实践”“高校21世纪人才素质培养与提高的若干问题”省级课题2项，市级、校级科研立项5项。长期致力于音乐教育教学理论和实践的研究，组织创作了大型红色组歌《东北“小延安”》，初步完成了《佳木斯地区民间音乐集成》的搜集整理工作，已申报国家社科基金项目“海西女真民间音乐在东北小延安时期的复兴研究”。主讲视唱练耳、合唱与重唱及音乐教育心理学课程。两次获得佳木斯大学优秀教学成果二等奖，连续多年被评为佳木斯大学教学名师、佳木斯大学教学能手，并连续多年获得佳木斯大学教育教学十佳优秀奖等称号。

王文仲　男，1963年5月生，教授。现任佳木斯大学建筑工程学院院长，中国力学学会会员，黑龙江省力学学会理事，黑龙江高教学会会员，黑龙江省建设工程招标投标评标专家，全国普通高等教育建筑类工作委员会副主任委员，全国普通高等教育建筑类工作委员会土木工程学科组组长。佳木斯大学教学名师。佳木斯大学土木工程专业学科带头人，校级精品课程“钢结构设计原理”负责人，同时主讲材料力学、钢结构等课程，教学效果优秀。在国家及省级各类刊物上公开发表论文20余篇；主编、副主编全国统编教材5部；主持省级课题5项，获黑龙江省优秀教育科研成果一等奖2项，获佳木斯大学优秀教学成果一等奖2项、二等奖4项，佳木斯市科技成果一、二等奖多项；多次获得佳木斯大学优秀教师、先进个人、教学能手、教学“十佳”、“三育人”标兵、“五争当”活动标兵、佳木斯市技术能手等荣誉称号。

刘远光　男，1958年6月生，教授，学科带头人，硕士研究生导师。现任佳木斯大学临床医学院（附属第一医院）院长，黑龙江省重点学科带头人，黑龙江省眼科专业委员会副主任委员，黑龙江省医学会医学教育委员会副主任委员，省康复医学会眼科康复专业委员会副主任委员，省医师协会眼科专业委员会副主任委员，省老年医学研究会眼科专业委员会副主任委员，省医学会理事会理事，省医院管理协会理事会理事，省劳动能力鉴定委员会专家，《中国实用眼科杂志》

编委会委员，《中华中西医杂志》专家编辑委员会常务编委，佳木斯市医学会眼科专业委员会主任委员，佳木斯市医学会理事会理事，中国康复医学会佳木斯市分会常务理事，佳木斯市专家协会理事，黑龙江省著名眼科专家。长期从事医学研究，在《解剖学研究》《眼外伤职业眼病杂志》《中华眼科杂志》《黑龙江医药科学》等医学杂志发表论文10余篇。先后被评为佳木斯大学教学名师，佳木斯市十大杰出青年、有突出贡献知识分子、佳木斯市劳动模范标兵；被黑龙江省卫生厅、人事厅联合授予“有突出贡献中青年专家”，被黑龙江省人民政府授予“劳动模范”“全省医药卫生系统先进个人”，被中共黑龙江省委宣传部、省精神文明建设办公室、省卫生厅联合授予“德艺双馨省级名医”，被黑龙江省卫生厅、省委省政府纠风办联合授予“全省卫生系统创建群众满意医院活动先进工作者”称号。享受黑龙江省人民政府特殊津贴。

姜志梅 女，1966年1月生，教授、主任医师，医学硕士、在读博士，硕士研究生导师。现任佳木斯大学康复医学院（附属第三医院）院长，中国康复医学会儿童康复专业委员会副主任委员兼秘书长，中国残疾人康复协会小儿脑瘫康复专业委员会常务委员，中国医师协会康复医师分会儿童康复亚专业委员会副主任委员，黑龙江省儿童孤独症康复协会副会长，黑龙江省儿童康复专业委员会副主任委员，黑龙江省儿童心理康复专业委员会副主任委员。《中华物理医学与康复杂志》通讯编委，《中国伤残医学》杂志编委，《中国康复医学杂志》《中华实用儿科临床杂志》审稿专家。省高校重点实验室副主任，儿科学（小儿脑瘫）省级领军人才梯队后备人才，省级重点学科后备学科带头人（康复医学与理疗学），首批黑龙江省卫生系统有突出贡献的中青年专家，省级精品课主持人，全省优秀教师，黑龙江省优秀研究生导师；佳木斯大学人才队伍建设“百人计划”省内知名领军人才，佳木斯市第六批市级有突出贡献的专业技术人才。主持参与卫生部卫生行业科研专项子课题、省自然科学基金项目、省教育厅重点项目、省高校骨干教师创新能力资助计划项目、省教育厅科研项目、黑龙江省卫生厅等20余项科研与教学研究项目。获省政府科技进步三等奖等10余项科技进步奖，黑龙江省医疗卫生新技术一等奖、二等奖多项。黑龙江省优秀教学成果一等奖、二等奖各1项；副主编著作4部，参编5部；副主编卫生部“十二五”规划教材1部，主编配套教材及配套光盘各1部，参编卫生部“十一五”规划教材2部、配套教材2部；在国家核心期刊发表论文50余篇，其中国际级杂志2篇，被ISTP收录3篇。先后开设作业治疗学、临床作业治疗学、作业治疗学概论、人体发育学、儿童康复医学课程。先后被评为黑龙江省优秀研究生导师、黑龙江省卫生系统“三八”红旗手、黑龙江省优秀教师、黑龙江省卫生系统有突出贡献中青年专家，佳木斯市“十佳”女职工建功立业标兵，佳木斯大学科技工作先进个人、佳木斯大学第二届优秀研究生导师、佳木斯大学“五争当”标兵，荣获佳木斯大学“十佳”教学优秀奖。

王俊发 男，1958年生，工学博士，教授，博士生导师。现任佳木斯大学机械工程学院院长，省级重点学科（农业机械化工程）带头人，省级重点专业（农业机械化及其自动化）带头人，省级本科实验示范教学中心专业负责人。中国农业工程学会教育委员会理事，中国农业机械学会耕作分会理事，黑龙江省农业工程学会常务理事、副秘书长，黑龙江省机械工程学会理事，黑龙江省农业机械学会理事。*International Journal of Agricultural and Biological Engineering*、《农业工程学报》、《农机化研究》编委。一直从事农业工程领域的科研、教学和开发工作。先后主持国家自然科学基金项目、国家“863计划”专题项目、国家“十一五”科技支撑计划项目、国家“十二五”科技支撑计划项目6项，主持黑龙江省自然科学基金项目等省级科研项目6项。获得黑龙江省科技进步二等奖1项（2012），农业部科技进步二等奖1项（1993），黑龙江省教育厅科技进步二等奖1项（2010）。发表论文70余篇，其中被SCI、EI检索18篇，获国家发明专利6项、实用新型专利12项。先后获得黑龙江省“八大经济区、十大工程建设”劳动竞赛先进个人（2010），黑龙江省研究生优秀导师（2009），黑龙江省优秀教师（2010），黑龙江省优秀科技工作者（2010），黑龙江省高教工委优秀共产党员（2011），佳木斯市劳动模范标兵（2010），科技创新能手（2009），黑龙江省电视台《科技传奇》栏目获选人，佳木斯市“十一五”优秀科技工作者（2012），黑龙江省“五一”劳动奖章（2011）获得者，黑龙江省劳动模范（2012）等荣誉称号。为本科生、研究生开设试验设计方法、科技论文写作、现代测试技术、农业机械化新技术课程。

杨子勋 男，1962年10月生，本科学历，学士学位，教授，美术学一级硕士点主导师，学科带头人。现任佳木斯大学美术学院院长，中国美术家协会会员，省美术家协会常务理事，佳木斯美术家协会主席。先后出版学术专著3部，在国家级核心期刊及省级专业期刊上发表论文3篇、作品30余件，所创作的作品在中宣部、文化部、中国美协主办的国家级展览中获最高奖2次，入选6次，在省委宣传部、省文化厅、省美术家协会主办的全省美展等展览中获一等奖3次、二等奖2次、三等奖2次。2005年，撰写了《花鸟画创作与教学》及主编《色彩构成》2部著作，分别由黑龙江美术出版社和辽宁美术出版社出版；2004年主持省教育厅科研立项1项。撰写的论文《重构田园的起点——从写生到创作》发表在《美术大观》2005年第6期。2001年6月，作品《树》获庆祝中国共产党成立80周年黑龙江省美术回顾展铜奖；2002年5月，作品《雪云》获纪念毛泽东同志《在延安文艺座谈会上的讲话》发表60周年全国美术作品展黑龙江展区优秀奖；2002年8月，作品《花季》获黑龙江省第九届“群星奖”二等奖；2004年9月，作品《田园重构之二》入选全国第十届美术作品展览，并被浙江美术馆收藏；2004年，作品《窗外》获“鲁艺杯”全国师范院校教师美术作品图片展学术奖；2004年，作品《田园重构》获黑龙江省“群星奖”金奖；2004年，《江苏画刊》第5期专栏介绍“杨子勋花鸟画创作”，发表作品7幅；2005年，9幅作品发表在《美术大观》2005年第6期；2006年1月，作品《田园重构之三》入选2006哈尔滨国际艺术论坛暨第十三届21C ICAA国际艺术节。2009年，美术作品《花样年华》入选2009年全国中国画作品，并获优秀作品奖，美术作品《阳光下》入选全国第十一届美术作品展，美术作品《流动》入选“融与聚2009全国中国画学术邀请展”。美术作品《那时花开》在黑龙江省第十二届“群星奖”比赛中荣获中年组金奖。2009年，美术作品《阳光下》在黑龙江省第十一届美术作品展中荣获银奖，专著《由水出发——杨子勋的水墨人物》由辽宁美术出版社出版。2011年，中国画《初夏》获全国中国画作品展优秀奖，中国画《百合记忆》入选纪念中国共产党成立90周年黑龙江省美术作品展，中国画《少年》入选第六届中国美术家协会会员中国画精品展，中国画《阳光下》入选纪念中国共产党成立90周年全国美术作品展，中国画《革命军》入选回望中国纪念辛亥革命100周年全国美术作品展。

王淑秋 女，1957年9月生，硕士研究生毕业，教授。现任佳木斯大学基础医学院院长，省重点学科（基础医学学科）带头人、省优秀研究生导师、省教学名师。中国病理生理学学会理事，黑龙江省生理科学会副理事长，《中国病理生理杂志》编委、《黑龙江医药科学》杂志编委。从事基础医学教学工作。主持国家自然科学基金项目2项，中华医学会医学教育分会、中国高等教育学会医学教育专业委员会医学教育研究课题1项，省自然科学基金课题2项，参与省自然科学基金课题2项，主持和参与厅局级课题8项；获省、市级科技进步奖共12项；省科技厅科学技术成果登记3项；编写教材、论著5部；发表论文91篇，其中SCI收录21篇。“癫痫所致脑损伤及灵芝孢子干预的研究”荣获黑龙江省政府科技进步二等奖。指导的硕士学位论文被评为省第六届优秀硕士学位论文。2008年获省政府特殊津贴，获“全省模范教师”“省教育系统巾帼建功标兵”等荣誉称号，获佳木斯市“十一五”科技创新突出贡献奖。

张宇 女，1964年8月生，教授，硕士研究生主导师。现任佳木斯大学药学院院长，黑龙江省药学研究所所长，黑龙江省高校生物药制剂重点实验室主任，黑龙江省药学化学实验教学示范中心主任，黑龙江省重点学科药学学科带头人，国家级特色专业（制药工程专业）带头人，省级精品课“天然药物化学”负责人，佳木斯大学国内领军培育人才，佳木斯大学教学名师。兼任《中国天然药物》《药学教育》杂志编委，中国高等教育学会药学教育研究会理事、中国医药教育协会高等药学院校委员会理事、世界中医药联合会中药化学专业委员会理事、中国天然药物理事会理事、中国药物生物技术理事会理事、中华预防医学会微生态学分会微生态制剂专业委员会副主任委员、黑龙江省药学会药剂专业委员会副主任委员、佳木斯市药学会副理事长等职务。从教27年，一直致力于天然药物活性成分研究与新药研发，主持国家、省、厅级课题10余项，国际合作项目1项，参与“973计划”项目1项，主持横向课题10余项。先后发表学术论文70余篇，获厅局级科技进步一等奖6项，申报发明专利6项。出版教材、著作10部，主编的“十一五”规划教材《波谱解析》获中国大学出版社协会优秀教材一等奖，获黑龙江省优秀教学成果奖3项、佳木斯大学优秀教学成果一等奖5项。开设天然药物化学、波谱解析、药学英语、药学导论、制药工程导论、新药药理与毒理等课程。曾获黑龙江省模范教师、黑龙江省高校工委优秀共产党员、黑龙江省教育系统巾帼建功立业标兵，佳木斯市职业道德建设十大标兵、佳木斯市建功立业十大标兵、佳木斯市有突出贡献的专业技术人才，佳木斯大学十大教学标兵、佳木斯大学“三育人”十大标兵、佳木斯大学“五争当”十大标兵、佳木斯大学“双十佳”教学优秀奖、佳木斯大学优秀教师、佳木斯大学科技工作先进个人等荣誉称号。

赵德龙　男，1960年5月生，教授，校级重点学科带头人。现任佳木斯大学体育学院院长，兼任中国高等学校排球协会理事、黑龙江省高等学校体育教学指导委员会委员、黑龙江省高等学校体育研究会常务理事、黑龙江省高等学校体育研究会佳木斯分会理事长、牡丹江师范学院特聘研究生导师。公开发表专业论文48篇，其中国际级论文3篇，国家级论文20篇，省级论文25篇。出版专业教材4部。获省级教学科研成果一等奖1项、二等奖3项，校级教学、科研成果奖4项。获国家发明专利1项。主持省级科研课题3项，市、校级科研课题5项。开设排球运动教学与训练、台球运动教学与训练、体育科研与方法课程。曾荣获黑龙江省“三育人”先进工作者、黑龙江省全民健身先进工作者、佳木斯大学优秀共产党员等荣誉称号。

李川汇　男，1960年5月生，教授。现任佳木斯大学商学院院长。从教28年中，共承担程序设计、数据库原理、数据结构等十余门课程的主讲工作。主持省级课题2项，参与省级课题2项。主编高职高专规划教材1部，参编多部。获省级教学成果二等奖1项，获校级教学成果一等奖2项。2003年被评为佳木斯大学教学名师。曾荣获省优秀教师，佳木斯市教书育人先进个人、佳木斯市向阳区“十佳”公仆，佳木斯大学优秀教师、优秀共产党员等荣誉称号。2005年，随国家外国专家局考察团对澳大利亚的高等职业教育进行为期一个月的考察。积极吸取澳大利亚高等职业教育的宝贵经验，通过仔细认真的研究思考，对学院的未来发展及学生培养提出自己的真知灼见。在担任应用技术学院院长期间，根据市场需求，先后主持申报并开设了6个专科专业，为地方经济建设培养了一批急需人才。从2009年起，引领学院师生员工致力于学院的转型发展，先后申报开设了电子商务、物业管理、网络与新媒体3个本科专业，使学院纳入新的发展轨道，并更名为商学院。在做好理论教学的同时，加强实验室建设，把原综合实验室进行细化，改造成6个专业实验室。根据教学需要，与相关单位合作自制了模拟实验设备，完善了实验室功能。重在加强学生应用技能的培养、综合能力的培养。要求教师认真上好每堂课，把学生真正培养成有知识、有技能、有创新、有素养、善沟通的优秀毕业生。关注学生的全面发展，对学生的一生负责。

刘敏 女，1961年2月生，教授，历史学学士。2000年9月至2001年7月，北京大学历史学访问学者。现任佳木斯大学人文学院院长，兼任黑龙江省历史学会副理事长、黑龙江省伊玛堪研究中心特约研究员，佳木斯市人民政府特约研究员、佳木斯市非物质文化遗产保护专家委员会成员，佳木斯大学人文社科研究中心副主任（常务）、赫哲族历史文化研究所所长、三江区域历史文化研究所所长，校重点学科（中国史）带头人，校教学名师。主要研究领域与方向：赫哲族历史文化、三江区域历史文化。近年来，在《中国民族报》《黑龙江民族丛刊》《北方论丛》《学术交流》《黑龙江社会科学》等报刊上发表相关学术论文20余篇，出版学术专著《赫哲族历史文化研究》（黑龙江人民出版社），主编《中国传统文化概论》（黑龙江人民出版社）。获黑龙江省社会科学研究优秀科研成果三等奖，黑龙江省高校人文社会科学研究优秀成果二等奖，佳木斯社会科学研究优秀成果荣誉（特等）奖。主讲中国古代史、中国传统文化概论、赫哲族历史文化研究等课程。获黑龙江省高等教育教学成果二等奖。荣获黑龙江省优秀教师、黑龙江省优秀教育工作者、黑龙江省社科联系统先进工作者、佳木斯市“三八”红旗手标兵等荣誉称号。

史庆军 男，1966年11月生，副教授，硕士研究生导师。现任佳木斯大学信息电子技术学院院长，黑龙江省实验教学示范中心、佳木斯大学信息电子实验中心主任，信息-控制-计算机学科实验中心主任。研究方向：电子信息工程，智能控制。近五年来，主持并参与黑龙江省教育厅科学技术研究项目，国家“863计划”项目、国家自然科学基金项目多项，发表论文10余篇，编写教材2部。主讲高频电子线路、通信原理等本科生课程，以及高级网络与通信技术、数理统计等研究生课程。

许红梅 女，1968年11月生，副教授，课程与教学论专业硕士。现任佳木斯大学教育科学学院院长，校级精品课程（教育学）负责人，校级重点专业

（学前教育专业）负责人，校级重点学科（教育学学科）后备带头人。兼任黑龙江省课程与教学论专业委员会常务理事，黑龙江省学前教育研究会常务理事。主持并完成黑龙江省教育厅科研项目“由教学型向教学研究型转变条件下高校教师专业发展研究”（2003—2006）；主持并完成省新世纪工程项目“高校优质课堂教学模式研究”（2007—2008）；2011—2013 年，主持在研省新世纪工程项目“艺体类学生公共理论课程有效性教学理论与实践研究”；2008—2009 年，主持并完成黑龙江省教育厅科研项目“教师教育职前职后一体化人才培养模式研究”；2000—2003 年，参与并完成黑龙江省新世纪高等教育教学改革工程项目“高师公共教育课程系列教材改革研究与实践”；2005—2006 年，主持并完成佳木斯市社会科学重点研究项目“高校教师教学质量监控与保障体系的研究与实践”；2001—2004 年，主持并完成佳大人文社科研究项目“教学评价模式研究”；2003—2005 年，主持并完成佳大教学研究项目“高师学生研究性学习之研究”；2007—2008 年，主持并完成佳木斯大学教学研究项目“高校课堂教学质量的制约因素及对策研究”；2009—2011 年，主持并完成佳大人文社科重点研究项目“教师专业发展途径研究新探”；编写学术论著及教材 4 部。曾多次荣获佳木斯大学优秀教师、佳木斯市先进女职工、优秀共产党员称号。

徐瑾 女，1970 年 12 月生，教授。现任佳木斯大学留学生教育学院院长，国家级普通话水平测试员，中国高等教育学会来华留学管理分会理事，对外汉语“中国概况”校级精品课负责人。从教 20 年来，一直致力于来华留学生的教学工作，2003 年获得中华人民共和国教育部颁发的对外汉语教学能力高级证书。治学严谨，始终关注借鉴对外汉语教学领域的先进理念，坚持教学研究工作。主持过省、厅级国际合作科研项目 10 余项，发表学术论文 30 余篇，出版、在编教材 7 部，荣获省高等教育教学成果二等奖、省教育厅高校人文社科研究优秀成果三等奖、省社会科学优秀科研成果三等奖、省高教学会优秀高等教育科研成果一等奖、省社会科学优秀科研成果佳作奖，曾获佳木斯市社科优秀科研成果奖、优秀教学成果二等奖、“双十佳”等教科研奖励，并多次获得校优秀共产党员、先进个人、先进工作者、优秀教师、“三育人”标兵等荣誉称号。开设对外汉语精读、对外汉语口语、中国概况、高级汉语阅读、中国古典名篇赏鉴、HSK 强化辅导等课程。

乔瑞中 男，1965 年 4 月生，管理学硕士，教授。现任佳木斯大学经济管理学院院长，兼任中国管理科学研究院学术委员会特约研究员，黑龙江省管理学学会常务理事、黑龙江省可持续发展研究会理事、黑龙江省管理科学与工程学会理事、黑龙江省中小企业专家咨询委员会委员，佳木斯市人民政府特约研究员。近年来，一直致力于市场营销和统计学的教学与研究，担任校级精品课“市场营销学”主讲人，主要研究方向为企业管理、区域经济。曾出版《黑龙江省资源型产业发展研究》（专著）、《市场营销学》（教材），发表论文《区域循环经济发展水平的评价方法》《黑龙江省发展农业循环经济的政策研究》《品牌扩展策略存在的问题及对策》《管理控制系统研究》《行业经营效益评价模型》《我国物流业发展趋势分析》《浅析我国的绿色营销》等。主持“黑瞎子岛回归后中俄合作开发问题研究”“农产品加工业在黑龙江省新农村建设中的地位与作用研究”“农产品加工业在我省农业经济发展中地位与作用研究”“新经济条件下我省大型企业集团的价值链重构研究”“加快我市第三产业发展研究”“研究型教学与应用型人才培养的关系研究”“高等学校内部教学质量控制体系的研究与实践”“市场营销学实践教学环节研究”等课题10余项。荣获黑龙江省优秀教学成果二等奖、黑龙江省教育科学规划办优秀成果奖一等奖、大学优秀教学成果一等奖，2007年荣获佳木斯市第十二次社会科学优秀科研成果、中国管理科学研究院学术委员会优秀学术论文一等奖，2008年荣获改革开放30年中国管理科学优秀学术成果一等奖，2010年获黑龙江省第二届社会科学学术年会优秀论文二等奖、黑龙江省高校人文社会科学研究优秀成果，2011年获佳木斯市第十五次社会科学优秀科研成果奖。

李春林 男，1963年11月生，硕士，副教授。现任佳木斯大学国际教育学院党委书记、院长，黑龙江省管理学会理事。1985年6月毕业于佳木斯师范专科学校数学系，并留校。1985年7月—1998年6月，曾任教师、团委干事、学生科科长、团委书记、学校副校长职务；1998年7月—2003年11月，任黑龙江省理工学校副校长兼工会主席；2003年12月—2005年5月，任佳木斯大学中专部党委书记、主任；2005年6月—2012年9月，任佳木斯大学国际学院党委书记、院长职务；2012年10月至今，任佳木斯大学国际教育学院党委书记、院长。2005年7月—2007年12月，就读于哈尔滨师范大学政法学院硕士研究生班，荣获硕士学位。共发表论文7篇，主持校级立项2项，省教育厅立项1项，其中1篇论文获省级二等奖。先后被授予黑龙江省“三育人”工作先进个人，佳木斯大学优秀党务工作者、佳木斯大学优秀共产党员、佳木斯大学先进个人等荣誉称号。

祝丽玲 女，1967年生，硕士，教授，硕士研究生导师。现任佳木斯大学公共卫生学院院长，兼任佳木斯大学医学院副院长、佳木斯大学预防研究所副所长、校级重点学科（公共卫生与预防医学学科）后备带头人。兼任黑龙江省营养学会理事、黑龙江省营养教育与科学普及专业委员会副主任委员，佳木斯市营养学会常务理事、佳木斯市环境保护联合专家技术委员会委员，《高等教育教学研究》编委会委员。主持卫生部子课题1项、中华医学会中国高等医学课题1项、省级新世纪教研课题3项、厅局校级科研课题10项；参与国家自然科学基金课题5项、卫生部专项课题1项。参编教材15部，其中7部为副主编以上；发表论文30余篇。获黑龙江省高等教育学会一等奖1项、黑龙江省医药科技进步二等奖1项、黑龙江省高校科学技术三等奖3项，佳木斯市科技进步一等奖4项、佳木斯市科技进步二等奖4项。承担研究生的医学统计学、实验设计与SPSS软件课程，本科生的预防医学、儿童少年卫生学、妇幼保健学、营养与食品卫生学课程，以及全校公选课（膳食指南）等。其中，主讲的“膳食与健康”被评为校级精品公开视频课程，“医学统计学”被评为校级精品资源课程。在教学工作中，注重对学生进行素质教育，加强学生创新能力的培养；注重学习有关教育思想和理论，能结合教学内容介绍学科发展的新动向和新成果。曾获佳木斯大学“十佳”青年，佳木斯大学青年教学名师，佳木斯大学“三育人”标兵，佳木斯大学“五争当”标兵及佳木斯市第四批、第五批、第六批有突出贡献的专业技术人才荣誉称号。

李岚　女，1969年11月生，教授，数学学科带头人。现任佳木斯大学理学院院长、佳木斯大学应用数学研究所所长，兼任黑龙江省数学会常务理事、黑龙江省数学教育研究会常务理事、黑龙江省教育科研骨干、黑龙江省科学基金评审专家，山西省科学基金评审专家。参与国家自然科学基金项目、黑龙江省科技创新团队项目、黑龙江省教育厅项目等研究工作，在SCI、EI来源期刊和核心期刊上发表论文20余篇，主编国家级规划教材2部。主要讲授微积分（双语）、高等数学、线性代数、数学专业英语、数学实验等课程。曾荣获黑龙江省优秀教学成果二等奖（2007）、黑龙江省优秀高等教育研究成果二等奖（2008）、黑龙江省优秀高等教育研究成果二等奖（2009）、黑龙江省第一届教学质量管理奖（2012）、黑龙江省优秀教学成果一等奖（2013）。

李秀霞　女，1963年11月生，教授，理学博士，硕士研究生导师。现任佳木斯大学生命科学学院院长、佳木斯大学经济植物研究所所长，兼任黑龙江省植物生理学会副理事长、黑龙江省科技经济顾问委员会高新技术专家组成员，佳木斯市环境保护联合会专家技术委员会委员。从事高校教学、科研及管理工作27年，长期坚持工作在教学第一线，在教书育人、教学科研和团队建设等方面取得了丰硕的成果。主编教材8部，副主编规划教材1部，获得专利6项，在SCI、EI来源期刊及核心期刊上发表论文近40篇，主持省自然科学基金项目2项，主持省厅科研项目2项，主持中央教科所国家级教研项目子课题1项，主持省级教改项目3项，主持校科研项目3项、校教研项目2项，参与各类研究项目10余项。先后获得省高校科学技术二等奖1项、三等奖1项，获市科学技术进步一等奖1项、二等奖1项，获市自然科学技术成果一等奖2项、三等奖1项等科研奖励。获优秀教学成果一等奖2次，获省优秀高等教育科研成果三等奖2次，获优秀论文奖多项及优秀教材二等奖、优秀试卷一等奖，同时多次任省自然科学基金项目及教育厅科研课题评审专家。2009年，受乌克兰国家科学院院士科先科教授邀请，前往乌克兰进行科技合作交流。先后当选为重点学科（植物学学科）带头人，省级重点学科（生药学学科）后备带头人，植物学硕士点主导师，生物科学重点专业带头人，“植物生理学”精品课负责人。20世纪90年代至今，带领科研团队从事寒地榛子资源的研究，取得了突出的研究成果。在国内首先开展了寒地野生平榛与引进品种的杂交育种工作，为黑龙江省的荒山、荒地变为榛子生态经济林提供了优良的栽培品种。自2003年以来，与国内外榛子研究机构进行了长期稳定的学术交流，与乌克兰国家科学院森林树木园和植物园有着良好的合作关系。每年带队深入黑龙江省汤原、七台河、饶河及佳木斯周边等地，义务指导榛子丰产栽培技术，为广大农民进行咨询服务，为地方经济建设和发展提供了有力的技术支持。由于业绩突出，先后被评为黑龙江省教育系统“三育人”先进工作者、佳木斯市先进女职工；2012年12月获佳木斯市第六批市级有突出贡献的专业技术人才称号，被评为省级领军人才、教学名师；多次获优秀教师、先进科技工作者、党风廉政先进个人、优秀主讲教师、优秀党员、教学能手、先进个人等荣誉称号。

杜晓岩　女，1968年7月生，硕士研究生导师，主任医师、教授，医学博士。现任佳木斯大学口腔医学院（附属第二医院）院长，佳木斯市政协常委，佳木斯市九三学社副主委。1996—2004年分别在北京黄寺整形外科医院、哈尔滨医科大学整形外科、上海第九人民医院及韩国整形外科医院进修。2006年，任佳大附属第二口腔医院副院长，主抓医疗护理工作；2007年，获哈尔滨医科大学公共卫生事业管理硕士学位；吉林大学口腔医学博士学位。2009年，任佳木斯大学附属第二医院（口腔医学院）院长，佳木斯大学医学院副院长。主编及参编著作5部，发表国家级论文12篇、省级文章20余篇；申请各类科研基金项目8项，其中主持的省自然科学基金项目“颧骨复合体肥大的三维CT测量诊断系统及形态学基础研究”获黑龙江省科学技术成果三等奖，“内源性生长因子在牵张成骨修复颌骨缺损中作用机制的研究”获黑龙江省医疗卫生新技术应用二等奖；获黑龙江医疗卫生新技术应用二等奖2项，佳木斯市科技进步特等奖2项，佳木斯科技进步一等奖2项，其他省级奖项4项、市级奖项5项。培养硕士研究生21名。先后被授予黑龙江省卫生系统有突出贡献的中青年专家、省“三八”红旗手、2009年度全省卫生系统创建群众满意医院活动先进工作者、2011年中国医师协会美容与整形医师分会优秀医师、佳木斯市十大杰出青年、佳木斯市劳动模范等荣誉称号，2012年度佳木斯市第六批市级有突出贡献的专业技术人才称号。

在2013年“全省帮扶农村卫生先锋行动”中，被授予“优秀帮扶干部”称号。

张凤杰　女，教授，佳木斯大学首位教学名师，佳木斯大学首位省级教学名师和省级精品课程获得者，省级重点专业带头人，硕士研究生主导师，佳木斯大学国内领军人才。曾进修于北京第二外国语学院，研修于日本东京国际日本语中心，访学于日本东京学艺大学。曾入选《天地佳木斯人》（2）。现任佳木斯大学外国语学院院长，兼任中国日语教学研究会常务理事、中国语言教育研究会理事，黑龙江省外国语学会副理事长、黑龙江省日本语学会副会长、黑龙江省翻译协会副理事长，日本国日本语教育学会会员、日本国日本语多媒体教育学会中方理事长，全国外经贸从业人员资格认证专家委员会委员、全国高协组织教材研究与编写委员会委员，大连海事大学外语教材研究所研究员。主持课题12项，其中全国教育科学“十二五”规划课题1项，黑龙江省社科基金项目1项，省级重点资助项目3项，市校级项目7项。获得省级优秀教学成果奖3项，撰写并发表论文（包括全国、国际学术会议）13篇，主编并正式出版《综合基础日本语》（1～4册）、《大学日本语教程》（第4册）（国家“十二五”规划教材）。先后荣获佳木斯大学首届教学名师、黑龙江省第三届教学名师、佳木斯大学“三育人”十大标兵、佳木斯大学“十大教学标兵”、黑龙江省振兴教育奖、黑龙江省优秀教师、黑龙江省模范教师、黑龙江省教育系统巾帼建功立业标兵、黑龙江省第一届教学管理质量奖、佳木斯市劳动模范、佳木斯大学党风廉政建设先进个人、佳木斯大学优秀共产党员等荣誉称号。

杨崇真　男，1962年6月出生，教授。1983年7月毕业于佳木斯师范专科学校数学专业，1983年8月在佳木斯大学任教，2004年晋升为教授。曾任佳师专办公室主任、学工部部长。合校后，1996年12月任佳木斯大学首任学工部部长。现任佳木斯大学继续教育学院院长。发表论文数十篇，多篇文章获国家级及省级奖励，主编《德育辩证施教论》和《大学生素质教育新论》两部教材，为高校思想教育工作作出了重要贡献。曾获黑龙江省五一劳动奖章、省招生工作先进个人。多次被评为校级先进个人、优秀共产党员等称号。他还特别注意学以致用，任继续教育学院院长以来，根据学院实际情况，积极探索成人教育规律，撰写了《地方高校继续教育发展策略研究》一文，为继续教育事业的发展积累了宝贵经验。2010年，继续教育学院在全国两千多所成人高校中脱颖而出，闯入全国百强。

校友风采

回顾之前的66年，桃李芬芳。学校培养出的40余万毕业生遍及大江南北，活跃在五湖四海，为黑龙江及国家的社会进步和经济发展奉献着自己的热血与青春。他们当中有医者楷模，有政界精英，有商界才俊，有科技先锋，有学术权威，还有更多默默耕耘的普通建设者。在这里仅为大家介绍5位具有代表性的校友。

建一所真正的农民医院，让农民看病不犯难

——记我校校友、党的十七大代表、农民的好医生战胜军

战胜军，现任哈尔滨市道里区新发镇红十字医院党支部书记、院长，曾先后获得全国五一劳动奖章和黑龙江省优秀共产党员标兵、第二届中国医师奖、全省卫生系统医德医风标兵、哈尔滨市十大感动人物、优秀共产党员、特等劳动模范等荣誉称号。

1977年从佳木斯医学院毕业后，战胜军与爱人一同来到哈尔滨市道里区新发镇卫生院。当时，新发镇卫生院只有十几间平房、6名医生。乡镇医院的分科不像大医院那么细致齐全，临床接触的疾病种类却一点儿也不少，这就要求医生门门懂、科科通。战胜军学的是临床医学，由于医院人手少，需要包治百病。为此，战胜军上夜校、访名医，每天晚上骑自行车要走几十里地，以惊人的毅力自学并掌握了内科、儿科、普外科、骨科、妇科、产科、麻醉科等医疗技术，并获得主任医师职称。许多患者都慕名而来，指名道姓找他做手术的人也越来越多。最多时，他一天做13例手术，一个月做过99例手术，创造了一年完成1100例手术的纪录，成了远近闻名的全科医生。

“担任院长后，建一流农民医院的梦想一直支撑着我。”战胜军说。1987年战胜军初任新发红十字医院院长，就开始了建农民医院的梦想：要建一座农民看得起病的医院，让农村患者享受城里人的医疗待遇。在工作中，他精打细算，大到车辆，小到算盘和计算器，不该买的一分钱也不花。不到20年时间，战胜军

和全院医护人员不但还清了十几万元的外债，还使固定资产增至192万元，先后购进了价值150多万元的彩超、生化分析仪、血球计数仪、尿液分析仪等一大批先进的医疗设备。从1985年的第一例胃穿孔修补术到2004年甲状腺次全切除术，战胜军创造了这家医院15个成功的第一例。

1998年，战胜军收缴了一名医生收取的600元“红包”，打开以后，战胜军愣了：这个“红包”竟然是由好多1元面值的人民币凑成的，这分明是农民的血汗钱啊！战胜军严惩了这名医生，随后制定了“三不准”：不准收红包，不准勒卡患者，不准开大处方。在全院职工大会上，战胜军义正词严：“我们绝不能让农民多花一分钱！”随后，新发医院推出各种疾病医疗费的最高限价，还成立了药品管委会，制定了用药目录。

由于长期超负荷工作，战胜军的身体严重透支，先后3次与死神擦肩而过。1994年1月，他突发心梗，晕倒在手术台旁；2001年2月，他患再发性心梗、室壁瘤，并做了动脉搭桥和室壁瘤切除手术；2004年，他被诊断患有肺癌，手术后按常规应住院一个半月，而不到10天战胜军就返回工作岗位，边化疗边工作，一周之内两次因体力不支，在给患者做完手术后晕倒。许多人至今还记得战胜军当时说过的一句话：“只要我还能站着，就要坚持上手术台。”

2005年8月，黑龙江省委、哈尔滨市委分别作出开展向战胜军同志学习活动的决定。战胜军的夙愿也得以实现：一座4000多平方米的现代化新型农民医院终于建成，目前已拥有15个临床科室、9个医技科（室）。

“看病难、看病贵，其实最难的是农民。新楼落成并不等于农民医院就建成了。”战胜军说，“不能让农民的医疗费用因医院环境的改善而增加。”新楼投入使用后，医院单病种限价收费和大型医疗设备检查费再下调10%。让农民就医的环境更好、费用更少。“只有一个战胜军是远远不够的，必须打造一支医德高尚、医术精湛的队伍，这是农民医院的根本，更是我今后努力的方向。到那一天，即使我不在了，更多的战胜军仍会为农民的健康殚精竭虑。”

30年的人生追求如今变成了现实，人们不能忘记身患肺癌的战胜军为此付出的一切。

博发，一个靠文化走出去的民营企业

——记我校校友，博发控股集团董事局主席、党委书记陆标

陆标，1986年佳木斯工学院机械二系毕业，清华大学硕士，教授级高级工程师，现任博发控股集团董事局主席、党委书记，黑龙江省工商联副主席，全国

人大代表。曾被授予全国劳动模范、全国五一劳动奖章、全国优秀企业家、黑龙江省创建劳动关系和谐企业特别贡献奖等荣誉称号。陆标所统领的博发控股集团荣膺中国民营企业“五百强”第296位、中国民营企业服务业“一百强”第53位。

（1）自主创新起家，借船出海做大，领衔国内民营企业，驻足国际市场，书写了一个民营企业的发展传奇

1995年，告别了工作近10年的国家级研究所，陆标带领一批年轻人创建了民营企业——博发电站集团。跟在别人后面，只能挨打，必须拥有自己的“撒手锏”。陆标一方面紧盯市场，另一方面组织科研人员进行研发，搞自主创新。

如今，博发已经拥有30多项国家专利技术。过硬的产品、优良的服务赢得了用户信赖，订单纷至沓来。面对取得的成绩，陆标并没有满足。随着国内电站市场的竞争愈演愈烈，他敏锐地发现，国际上一些较为落后的国家和地区电力缺口较大，且此时国家又鼓励企业走出去。2005年起，陆标把目标瞄准了国际市场。

他们一方面“借船出海”，依靠捆绑着大央企；另一方面，走出去，积极自我推介。最多时，陆标一个月往返三次非洲国家。终于在跟踪三年后，成功签署了合同额达9.7亿美元的博茨瓦纳电站项目。

如今，博发能够独立到海外承揽项目，成功地走向了世界30余个国家，实现签约合同金额100多亿美元。

博发成功占领了国际市场，不仅实现了自身的跨越式发展，跻身国内电站企业的第一方阵，也为国家和黑龙江省实施“民营企业走出去”战略，迅速占领占领国际市场作出了巨大贡献。

（2）用文化为企业注入魂魄，用理念凝聚精英力量，回望传奇书写的历程，蓦然发现这是企业一路高歌猛进最清晰的注脚

“一个优秀的企业家，既是企业竞争发展的设计师，又是企业文化建设的规划师，还是企业文化根植的园艺师。”陆标用独特的认识创造了独特的企业文化。

博发创立之初，便将“卓越源于专业，满意来自诚信”“以正和，以新盈，以奇胜”作为企业的管理理念和精髓。而随着企业持续的高速发展，以及员工的集思广益，又先后提炼出“创社会财富，还人类幸福”的企业使命，“跻身一流民营企业”的企业愿景，以及“以成就回报社会，以品牌创新企业，以才干展现自我。从而实现三个‘有利于’：有利于国家，有利于集体，有利于个人”。

这些源于员工又回归于员工的企业文化，很快被员工接受，并将其凝结在所做的项目和提供的服务之中。在众多国际大项目中，得到了业主及各方的高度赞誉，用企业文化为博发人打上了专业的烙印，为企业树立了诚信的形象，形成了

区别于其他企业的元素和符号。

(3) 以优秀的企业文化为先导，凝聚企业创新力量，立足电站主业，博发已驶入多元化发展的新领域

博发在主业取得巨大成就的同时，又成功地进入了商贸、文化产业、金融投资、房地产等几大产业领域，并成为业内新崛起的一支强劲力量，实现了多元发展的华丽转身。

近期，为响应国家文化产业大繁荣、大发展的号召，博发商贸集团注资2亿元，建设了一个以音乐及影视创制、文学书画艺术交流、全源文化投资性挖掘、婚庆礼仪一站式服务为承载主体，以极具品牌竞争力和战略投资力的集商务休闲酒店、餐饮、会议功能于一体的高端文化创意产业园区，将为我省文化产业繁荣及经济建设腾飞注入强大力量。

一家民营企业，何以经过十几年拼搏而跻身国际市场，成为我国民营企业中的领头雁？陆标感叹地说："独特的企业文化与卓越的精英团队有机结合，是企业发展的灵魂。"

我的生活就是科研

——记我校校友、福建师范大学光电与信息工程学院副院长陈建新

陈建新，1992年毕业于佳木斯师范专科学校物理系，1997年成为哈尔滨工业大学研究生，研究生毕业后，随即在哈工大继续深造，攻读博士。博士毕业后，入驻北京大学博士站，攻读博士后。2004年从北京大学被引进到福建师大工作。现任福建师范大学光电与信息工程学院副院长、教授、博士生导师，国家级"百千万"人才，教育部"长江学者和创新团队发展计划"创新团队带头人，物理学一级学科博士点带头人，全国优秀科技工作者，教育部新世纪优秀人才，福建省杰出科技人才，福建省光子技术重点实验室主任，美国耶鲁大学客座教授，中国光学学会理事，国家自然科学基金通讯评委，*Optics Express*，*Applied Physics Letters*，*Journal of Biomedical Optics* 等重要国际学术期刊评审专家，中国共产党十八大代表，享受国务院政府特殊津贴。

"如果光速都有被超越的可能，为什么我们不能不断超越自己，成就未来呢？"这是陈建新教授的人生格言。虽然已成绩斐然，她依然每天坚持早起，一份简单的早餐后，便开启新一天的科研探索。

陈建新的研究领域是国内新兴交叉学科——生物医学光子学。激光曾被视为神秘之光，现已被人类广泛应用。近年来，科学家研究发现了一种更为奇特的激

光——飞秒激光，能聚焦到比头发的直径还要小的空间区域。陈建新致力于研究飞秒激光，并努力利用它造福人类。

癌症是威胁人类健康的首要大敌，医学活检进行癌症诊断时，容易因取样偏差耽误最佳治疗时机。能否通过光学手段及早诊断出癌症？陈建新有了这个大胆的设想。

2004年，从北京大学被引进到福建师大工作后，陈建新开始投入基于飞秒激光与生物组织相互作用的多光子显微技术在生物医学领域的应用基础研究。

在这个新兴交叉学科领域的最初研究中，陈建新付出了常人难以想象的艰辛。由于光路设计和探测器参数难以把握，她根本无法从医院提供的临床手术切下来的新鲜病理样品中，扫描到一张高分辨率和高清晰度的图像，更无从进行病理和图像分析。在光路的调试和探测器参数的优化中，她一次次地摸索、分析和研究，经过不断的努力，逐渐总结出最优化的实验方案，并取得了理想的图像。

此后，陈建新一头扎进多光子显微技术在生物医学领域的应用研究。别人问她为什么每次做实验时间都那么长，陈建新笑着解释："整套设备昂贵，是实验室的家底，其寿命与开关机有关。所以一旦开机，就想着不停歇地一口气做下去。"其实，最根本的原因还是，做实验需要耐心和反复探索。

一分耕耘，一分收获。陈建新的研究成果相继发表在国际重要的学术期刊上，并得到国际同行的充分肯定和高度赞扬。其研究成果"基于非线性光谱成像新技术的医学无损诊断基础研究"，开拓了非线性光谱成像新技术在肿瘤诊断和治疗评估中的应用研究。此技术若与光纤光学结合，将实现人体全身的内窥镜无损检查，该成果获得2009年度福建省科学技术奖一等奖。

一向心态很好的陈建新，有过两次让她失眠的任务。一次是福建省科技一等奖的答辩，15分钟的PPT，前后改了30多遍；另一次是她领衔申报的教育部"医学光电信息技术"创新团队，最终团队脱颖而出，入选教育部的"长江学者和创新团队发展计划"。

"它们承载着团队的希望。如果这只是我个人的事，我想就不会有压力了。"陈建新说。

是的，作为福建省引进的人才，到福建师大工作后，陈建新从未让领导和同事失望。面对家人，她只能把愧疚藏在心里。"我每天都泡在实验室里，常常通宵做实验，经常让女儿在同学家里过夜。每次望着女儿离去的瘦小背影，我的内心都无比酸楚……"

如今，陈建新的头衔和荣誉越来越多，但她仍单纯认真地做着自己认为有意义的事。"我将在科研创新的道路上不懈探索，永不止步。其实，对科研人来说，科研和生活永远没有界限，我的生活就是科研。"

情系家乡捐巨资　感恩母校献爱心

——记我校校友、中国医学科学院宿玉成博士

宿玉成，1961年出生于黑龙江省同江县，1978年以优异的成绩考入当时的佳木斯医学院口腔系，1982年获医学学士学位，并留校任教。1988年他又获得白求恩医科大学（现吉林大学）口腔医学院医学硕士学位。由于刻苦钻研，勤奋努力，1994年他又被破格晋升为教授。宿玉成从一名普通教师先后担任佳木斯医学院口腔系主任、口腔医院院长、佳木斯大学医学院副院长等职，在母校度过了21个春秋。

早在1994年，宿玉成就积极投入到把口腔医院临床医学（颌面外科）专业建成全省首个重点学科的工作中，他本人也成为省重点学科带头人；同年获批首个校内口腔硕士研究生培养点，他出任首任导师；1995年他又带领职工在院内创立了黑龙江省口腔医学研究所，他担任首任所长；1998年创建的正颌外科填补了母校的空白。他曾任省青联委员、市青联副主席及市人大常委等。由于他的突出贡献，曾获佳木斯市十大杰出青年、佳木斯市十大优秀青年经营管理者暨佳木斯市青年创业者及佳木斯市委、市政府有突出贡献的知识分子等荣誉称号，并从1993年起成为享受国务院政府特殊津贴的有杰出贡献的医学专家。

为把佳木斯大学口腔医学院创办成东北地区最大的口腔教学、医疗、科研基地，他大胆创新、呕心沥血、孜孜以求，锐意开展管理改革，不拘一格培养各专业人才，打造学科特色品牌，为学院的全面发展作出了积极贡献。他为人正直宽厚，无私奉献，总以超前的思维引领学科建设；他潜心钻研，勤勉奋进，在口腔医学研究方面贡献卓著；他言传身教，教书育人，为祖国的口腔医学培养了一批又一批栋梁之才。

他还率先把国际最前沿的多项口腔种植新技术引进国内，创立了规范严谨的口腔种植系列培训机制，国内多所院校和医院千余名口腔医生参加了其规范化的口腔种植培训，获得了社会的广泛赞誉。

现在他是中国医学科学院学术委员会委员、国际口腔种植学会专家组成员、国际牙医师学院院士、中华口腔医学会口腔种植专业委员会常委、北京口腔医学会口腔种植专业委员会副主任委员，《口腔医学研究杂志》副主编，《中国口腔颌面外科杂志》《中国口腔医学年鉴》《口腔颌面外科杂志》编委。作为研究生导师，他仍然在口腔种植等研究领域积极奋斗，不懈追求，努力为口腔医学事业培养合格人才。迄今，他作为第一作者或通讯作者，已经撰写并发表了70余篇

专业论文，主编《现代口腔种植学》等4部著作，翻译、主译和审校《口腔种植临床指南》等10余部著作。宿玉成曾主持国家“十五”攻关“口腔种植的基础与临床研究”等课题，4项科研成果获省部级科技进步奖。其中，“口腔颌面种植的基础与临床研究”获2007年北京市科技进步三等奖。

宿玉成从多年积攒的储蓄中拿出100万元，在佳木斯大学设立了口腔医学奖学金。对于设立国内个人出资额最大的口腔医学奖学金，宿玉成教授动情地说：“缘于对母校的一份感恩与回报，缘于对口腔的一份挂念与依恋，缘于对未来的一份传承与期盼。在佳木斯大学校庆65周年之际，捐赠100万元设立专项奖学金，用于奖励品学兼优的口腔学子。希望同学们能够树立正确的人生观、价值观和事业观，以专业知识为核心，加强临床操作，全方位提升自己，使自己不但成为一名合格的口腔医学生、未来的优秀口腔医生，更要成为一个素质优良、德行兼备的优秀领军人才。”

务实求真谋发展　锐意进取立潮头

——记我校校友、哈尔滨电气集团公司总经理邹磊

1984年，邹磊考入佳木斯工学院。求学期间，他连续四年获得一等奖学金，先后被评为校三好学生、黑龙江省三好学生、佳木斯市优秀共产党员；同时担任校学生会主席期间，牵头组织成立了佳木斯市学生联合会。1996年，他参加了全国MBA统考，考取了哈工大硕士研究生。2004年，考取哈工大技术经济管理专业博士研究生。

在高等院校求学的同时，他倍加珍惜在企业管理实践过程中的各种学习机会，深入研讨国际知名企业案例。在企业工作期间，分别与国际知名院校（剑桥大学）和著名企业（GE、三菱、斗山）进行了高层走访及交流，拓宽了国际视野，丰富了知识体系，进一步提升了自我综合素质，对适应不同岗位的需要、提高工作水平起到了至关重要的作用。

1988年，邹磊毕业后，放弃了待遇优厚的工作岗位，毅然选择了全国闻名的大型国有企业——号称“三大动力”之一的哈尔滨锅炉厂（简称“哈锅厂”）。工作后，他从普通岗位干起，先后从事过电焊工、容器分厂焊接技术员、劳资人事教育处考核管理员、生产处总调度员，党委办公室担任文字秘书。1992年，他走上领导岗位，先后任职哈锅厂共青团团委副书记、书记。1997—2000年，他先后担任哈锅厂基层车间的党支部书记和行政领导职务。2001年，他担任公司生产长，不久又被任命为副总经理。2007年9月，经组织考核，他被任命为哈尔

滨锅炉厂有限责任公司董事长兼总经理。

在他任职董事长、总经理期间，锅炉公司克服了国际金融危机的严重冲击，生产总量、经营规模平稳增长，完成产品产量2564.5万千瓦，营业收入112亿元，再创历史新高，为赶超先进企业、重回行业首位奠定了坚实基础。

2009年1月，是他人生的一个重要转折点。通过中组部组织的全球公开招聘，他走上了哈尔滨电气集团公司（简称“哈电集团”）总经理的岗位。哈电集团是由“一五”期间苏联援建的156项重点建设项目的6项沿革发展而来的，在原哈尔滨“三大动力厂”、阿城继电器厂及哈尔滨绝缘材料厂基础上组建而成，是新中国历史最悠久、技术水平最高、影响力最大的发电设备研制基地，也是中央管理的53户关系国家安全和国民经济命脉的国有重要骨干企业之一。作为集团公司总经理，他深知使命光荣、责任重大。

邹磊从基层一步步做起，本着务实与创新的态度，经历了党政群团多个岗位的锻炼，走上了中央企业负责人的领导岗位。多年来的实践，使他积累了较为丰富的管理经验，工作能力和水平在实践中得到不断提高，具备了掌控大型国有集团企业管理创新与实现可持续发展的高级管理人员的条件。

在工作上取得进步的同时，他先后荣获全国优秀共青团干部、全国机械工业安全生产先进工作者、全国机械工业群众性质量管理活动卓越领导者、黑龙江省五一劳动奖章等荣誉称号；先后被选举为哈尔滨市和黑龙江省人大代表，并在黑龙江省第十一次党代表大会上当选为党的十八大代表。

蓝图展望

回顾历史荣光，感受今日辉煌，佳大人从未忽略蓝图展望。回首新世纪以来13年的发展历程，佳大依托自身厚重的历史积淀，注重设计生成，理性提升发展愿景。2011年，《佳木斯大学“十二五”发展规划》经学校领导审议出台。如今，从你踏入校门之日起到你奔赴工作岗位之时止，正是佳大“十二五”奋斗的黄金阶段。佳大的美好前景伴你成长。

一、“十一五”发展建设情况

“十一五”期间，学校以科学发展观为统领，全面落实高教强省建设规划，巩固本科教学评估成果，走内涵发展道路，坚持“稳定规模、提高质量、办出特色、服务地方”的发展思路，累计投入2亿多元加强教学、科研、学科等各项建设，办学条件进一步改善，综合实力进一步增强，为学校又好又快发展和建设高水平大学奠定了坚实基础。

（一）总体办学实力稳步提升

至2010年末，学校占地150万平方米，建筑面积102万平方米。下设29个学院、3个公共教学部、69个研究所（室）。有65个本科专业，2个一级硕士学位授权学科、3个硕士专业学位授权学科。全日制在校学生24650人，其中本专科生22333人，硕士研究生1125人，留学生683人，成人脱产学生509人；另有成人业余、函授学生11294人。固定资产总值达到13亿元。2008年，佳木斯大学被确立为省属十所重点建设高水平大学之一，2009年成为博士学位立项建设单位，并迈入了国家精神文明建设先进单位行列。

（二）教学基本建设进一步加强

调整、优化院系设置和专业结构，成立了医学院、公共卫生学院、检验医学院、护理学院、旅游管理学院、教育科学学院、留学生教育学院，重点建设了3个国家级特色专业、8个省级重点专业，5年新增本科专业15个。推进教学内容与教学方法改革，先后两次全面修订本科学生培养方案，重视课堂教学，加强实践教学，鼓励和支持教师开展教学研究。5 年来，获全国教学科学规划课题 1 项，黑龙江省新世纪高等教育教学改革工程课题 111 项；获国家级教学成果二等奖 1 项，省优秀教学成果一等奖 2 项、二等奖 15 项；建成 3 个省级实验教学示范中心，拥有 13 门省级精品课程。创新人才培养模式，强化职业技能培训，学生的实践动手能力不断增强，有 4000 多名学生获得职业资格证书，在全国大学生数学建模竞赛、全国大学生机械创新设计竞赛、黑龙江省大学生日语竞赛中，均取得了好成绩。教材建设有了新进展，5 年主编教材 94 部，参编教材 21 部。其中，国家“十一五”规划教材 4 部，双语教材 3 部。加大教学投入，教学仪器设备总值达到 2.55 亿元。

（三）学科建设和科研实力显著增强

“十一五”期间，按照“扬优、支重、改老、扶新”的建设思路，完善省、校、院三级学科建设体系，建成 8 个省级重点学科，确立了 7 个优势特色学科、6 个培育学科和一批校级重点学科，重点加强了 6 个博士学位申报学科建设。整合资源优势，打造高水平创新平台，先后投入 5000 多万元购置教学科研仪器设备，建设教育部金属耐磨材料及表面技术工程研究中心，3 个省高校重点实验室、学校 5 个自然科学实验中心和 1 个人文社科研究中心。设有黑龙江省中俄科技合作中心，1 个省高校工程研发中心，4 个省级研究生创新培养示范基地。5 年来，学校主持国家“973 计划”、“863 计划”及国家自然科学基金和社科基金项目 15 项，科技部、卫生部、教育部项目 11 项，省自然、社科基金项目 83 项；获省科技进步奖 9 项，省社会科学优秀科研成果奖 20 项，国家授权专利 35 项，与“十五”相比，实现了新的突破。

（四）师资队伍建设取得较好成绩

在现有的 1419 名专任教师中，具有博士学位教师达到 91 人，具有硕士学位教师达到 551 人，具有硕士、博士学位教师的比例达到 45.2%；具有省级教学名师 3 人，省高校新世纪优秀人才 3 人，省级优秀硕士研究生导师 7 人，兼职博士生导师 13 人；建成 2 个省级优秀教学、科研团队，1 个省优秀研究生导师团队，聘任了一批国内知名学者、专家为特聘教授。

（五）服务经济社会发展能力有新的提高

围绕省委、省政府实施“八大经济区”“十大工程”建设，发挥学校人才、科技和智力优势，推进与企业、科研院所技术联合攻关，“镶铸截齿”、5XS－20 型谷物烘干机等新产品，乳腺康、胰腺康口服液、双金属耐磨材料等 30 多项研究技术已实现成果转化，创造了良好的社会效益和经济效益。

（六）学生思想教育取得新的进展

通过深入开展“五比四进”“五心”教育活动，加强寝室文化建设，实行辅导员、班主任、任课教师、班委会“四位一体”的检查监督机制，促进了学风明显好转，学生的思想道德素质有了很大提高，每年有400多名毕业生考取硕士研究生，学生就业率达到87%以上。

（七）学术交流与国际合作不断扩大

与俄罗斯、日本、韩国等国家和地区的多所高校建立了友好合作关系，联合培养了582名研究生和本科生。教师参加国际学术交流活动296人次，来校讲学国外专家达163人次。作为“来华留学生中国政府奖学金项目委托院校”“招收本科英语授课临床医学专业来华留学生高校”，每年有600名左右的留学生在校学习，在黑龙江省首届国际大学生汉语大赛和全国第二届“汉语桥”大赛中，均取得了优异成绩。

（八）校园环境与基础设施建设有新的改善

“十一五”期间，新建2.2万平方米医学教学实验大楼，2万平方米留学生公寓和研究生公寓，8000平方米学生宿舍，1.2万平方米学生食堂，6400平方米游泳馆，实施绿化、美化和亮化工程，校园绿化覆盖率达到32%，办学条件和办学环境不断改善。

二、指导思想和办学定位

（一）指导思想

以邓小平理论和“三个代表”重要思想为指导，深入贯彻落实科学发展观，全面贯彻党和国家的教育方针，坚持育人为本，牢固树立教学工作中心地位，以学科建设为龙头，以师资队伍建设为核心，以改革创新为动力，着力转变教育理念和人才培养模式，全面提高教育教学质量和科研水平，围绕黑龙江省“八大经济区”“十大工程”建设，努力提升服务经济社会发展能力，为实施“高教强省”和“人才强国”战略作出更大的贡献。

到2015年，把学校建设成为黑龙江省高层次应用型人才培养基地、区域科技创新基地、先进文化传播基地，使学校的综合实力、可持续发展能力进一步增强，成为特色鲜明的省属重点建设大学。到2025年，力争跻身于国内同类院校先进行列。

（二）办学定位

1. 学校类别：综合性大学。

2. 学校类型：以本科教育为主的教学研究型大学。

3. 学科专业：根据社会发展的需求，积极进行专业调整，推进学科交叉融合，加强人文社会学科建设，集中力量打造现有优势特色学科（群）。

4. 办学层次：稳步发展本科教育，积极扩大研究生教育，努力办好留学生教育和继续教育。

5. 办学形式：以全日制教育为主，非全日制教育为辅。

6. 办学规模：到 2015 年，在校生规模达到：本科生 23200 人，硕士研究生 1680 人，博士研究生 20 人，留学生 1043 人，成人业余和函授生 6400 人左右。

7. 服务面向：服务龙江、面向全国，重点为区域经济社会发展培养高层次应用型人才。

8. 办学水平：按照黑龙江省高教强省建设规划要求，建设省属特色鲜明的高水平综合性大学。

9. 功能定位：满足区域经济社会发展的需求，培养高层次应用型人才；走“产学研”相结合的道路，引领区域科技创新；拓展社会服务功能，成为区域教育、科技、医疗、文化服务中心。

10. 办学优势和特色：推进医工结合、文理渗透，加强实践教学环节，努力培养基础扎实、动手能力强、综合素质高的应用型人才；立足区域经济和社会发展，成为黑龙江省东部地区科技、文化、医疗服务中心；发挥地缘优势，加强对俄科技合作和人才培养，拓宽办学空间。

三、　主要目标和任务

（一）人才培养与教学工作

1. 全面推进素质教育，深化课程和教学改革。创新教学观念、教学内容、教学方法，注重实践性、综合性、创新性，探索按照大类招生培养方式，完善弹性学分制，促进文理融合，完善实践教学体系，加大实践教学环节的投入和建设力度，抓好学生的职业技能培训，促进学生全面发展。

2. 围绕人才培养目标，创新人才培养模式。根据不同学科和专业特点，着眼于人才培养的各个环节，进一步开展“卓越工程师”“卓越医生”教育培养计划，逐步推进“卓越农林人才”“卓越法律人才”“卓越教师”等卓越系列人才培养计划，推进与用人和实践单位联合培养，为区域经济社会发展输送高素质的应用型人才。从教育理念、专业设置、课程体系、教学内容、实践环节、管理机制和教学组织形式等方面，进行创新创业人才培养模式的综合改革，解决创新创业教育的难点问题，形成一批创新创业人才培养基地。

3. 加强专业建设，稳定专业规模。优化调整专业结构，积极申报新兴专业、应用型专业，每年新增 2 ~ 3 个专业，调整或取消个别专业；实施“重点专业建设”工程，突出专业特色，努力建设 11 个省级重点专业，新增国家级特色专业

1～2个。

4. 加强教学研究、教材和课程建设，加大投入，鼓励教师开展高层次、高水平教学改革研究。5年来，获省级高等教育教学改革工程项目150项以上，获省级教学成果奖30项，国家级教学成果奖1～2项；推出5～8门国家级、省级规划教材，主编并公开出版发行教材100部左右；争取省级精品视频公开课5门，省级精品资源共享课15门，校级双语教学示范课15门，力争国家级精品资源共享课2门、精品视频公开课1门。

5. 加强实验、实习基地建设，整合实验教学资源，加强规范化管理。在现有148个实习基地的基础上，再建设50余个实习基地、20个实验中心；建成工程技术训练中心、电工电子实习基地、医学实践教学基地、药学实践基地、计算机基础教育基地等5个校内实习基地；分期分批重点建设校级实验教学示范中心，力争在5年内建成1个国家级实验教学示范（科技研发）中心，7～8个省（部）级以上实验中心，10个校级实验教学示范（科技研发）中心，5～8个数字化实验中心。

6. 加强质量保障，强化校、院、教研室三级质量管理。推进教研室规范化建设，把教学作为教师考核的首要内容，实行督导检查结果公告制度和限期整改制度，形成完善的教育质量标准、质量保障和质量监控体系。

7. 加快研究生教育改革，积极发展专业学位研究生教育。按照学科和专业学位类型修订培养方案和课程体系；推进产学研联合培养研究生的“双导师制”；实施研究生教育创新计划，加强研究生的学术交流和实践。5年新增2～3个研究生培养创新示范基地。

8. 积极发展教育培训服务，办好非学历继续教育。

（二）学科建设与科学研究

1. 突出学科优势和特色，努力打造现有省内优势特色学科（群）。积极培育交叉学科、新兴学科，加强人文社会学科建设，形成医工交叉、文理融合、结构合理、富有特色的学科体系。

2. 建立健全重点学科建设工作体系，建成7个以上省级重点学科，提高学校“双十学科”和校、院两级重点学科建设水平。

3. 认真规划一级学科硕士点布局和申报工作，加大培育和建设力度，确保在学科门类和数量上有较大突破。积极争取硕士研究生招生免试推荐权。博士授权学科达到2～3个。

4. 围绕国家发展战略需求，特别是黑龙江省产业结构调整优化，提高科研综合实力。“十二五”期间，力争国家重大科技项目实现零的突破，国家自然科学基金项目、国家社会科学基金项目等国家级项目要达到50项，省部级以上项目要达到130～140项，获省部级以上科技成果奖励20项以上，授权专利数量有较大提升。

5．加强平台建设，建设好教育部工程研究中心、省高校重点实验室，力争把细胞衰老机制与抗衰老实验室、口腔医学实验室、农业机械化装备实验室建成省高校重点实验室，使省高校重点实验室达到6个，把教育部金属耐磨材料及表面工程技术研究中心建成国家工程研究中心；在学校现有5个自然科学实验中心和1个人文社科研究中心的基础上，加大研究平台建设力度，力争把“三江”区域历史文化研究所建成省高校人文社科研究基地。

6．完善科研管理体制，发挥学院的科研主体地位。以重点学科、重点实验室、工程中心为支撑，稳步推进基础研究；以科技成果推广转化为核心，大力推进应用研究；积极扶持人文社科研究。

7．增强社会服务能力，深化与政府、企业、科研院所的合作。与佳木斯市政府联合打造高端教育、科技、医疗服务中心；与企业共建工程技术中心，协同开展课题研究和技术攻关，加快科技成果转化；发挥智囊团、思想库作用，为政府、企业决策提供咨询和信息服务。

（三）师资队伍建设

1．积极实施“领军人才培育工程”“百人计划”，创造条件，大力支持30名学科带头人、后备带头人提高学术地位和学术水平。到2015年，新增3～5名省级教学名师、3～5名省级优秀研究生导师，培育8～10名在省内、3～5名在国内有一定影响力的学科带头人。

2．实施“教师教学水平整体提升工程”，完善教师培养、培训规划，启动青年教师择优资助计划，每年选派50名左右优秀青年教师到国内外著名大学进修学习，提高教师理论教学能力和课堂教学水平。

3．实施“团队建设工程”，全面启动优秀科技团队培养计划、优秀教学团队培植计划，建成5个省级优秀教学团队、3个省级科技创新团队、3个省级优秀研究生导师团队。

4．围绕学生职业技能培训目标，整合教师资源，建设一支相对稳定、质量较高的“双师型”教师队伍。

5．加强教师职业理想和职业道德教育，将师德表现作为教师考核、聘任和评价的重要内容，引导教师爱岗敬业、关爱学生，培养高尚的师德。

6．提高专任教师在教职工总数中所占比例，继续实行高学历人才激励政策；教师队伍中具有硕士以上学位者占教师总数的比例争取达到80%以上，其中具有博士学位的教师达到20%。

（四）学生工作

1. 坚持育人为本、德育为先，将社会主义核心价值体系学习教育融入学生思想政治教育全过程。建立并完善“三全”育人工作机制，积极开展理想信念教育、爱国主义教育、道德法制教育、社会公德教育和成长成才教育。

2. 继续加强校风、学风建设，推进齐抓共管的学风建设体制和管理机制的有效运行，不断完善教育、管理和服务功能，加强学生综合服务中心建设，努力为学生营造良好的学习和生活氛围。

3. 落实校院两级就业工作责任制，加强学生就业观教育，强化就业指导，充分利用企业、行业等多种资源促进毕业生就业，就业率保持在全省平均水平以上。

4. 以业务能力提升为重点，推进辅导员队伍的职业化和专业化建设。探索兼职辅导员队伍建设方案，逐步推行高年级导师制、低年级班主任制；坚持理论与实践相结合，提高学生工作科研水平。

5. 加强心理健康教育与咨询中心的标准化建设，筹划建设大学生素质拓展中心。

6. 加强共青团工作，结合我校办学方向和培养目标，丰富校园文化建设，打造一批校园文化建设“精品工程”。努力培育和弘扬大学精神，优化育人环境，开展异彩纷呈的校园文化活动。深入开展学生科技创新活动，进一步完善管理体制，提高学生参与科技创新活动的比例。

（五）对外交流与合作

1. 扩大留学生教育规模，力争到2015年留学生人数达到1050人。在落实好与俄罗斯、韩国、日本等国家友好院校签订合作培养学生协议的基础上，重点开拓俄、韩、印、巴等周边国家及东南亚、南亚和非洲国家的教育市场，确保留学生生源。

2. 积极推进与国外院校合作，力争建立境外培训基地；积极争取国家“汉办”的政策支持，力争获得“汉办”的培训项目；积极推进境外孔子学院、孔子学堂建设；继续争取教育部、国家留学基金委的政策支持，力争逐年增加中国政府奖学金、MBBS和国际课程班的招生计划。

3. 充分利用学校资源共享的有利条件，拓宽留学生招收的学科专业，除现有汉语、临床医学等专业的学历教育及长期、短期培训外，重点建设临床医学、经济学、口腔医学等英文授课专业。

4. 积极做好在校学生赴国外院校学习工作，广建渠道，扩大合作院校及领域，加强出国前的外语培训。

（六）公共服务体系与校园建设

1. 建立完善的文献资源保障体系和知识服务体系，加强新专业文献资源建设。到 2015 年，印刷型文献总量要达到 272 万册，电子文献总量达到 10 万吉字节，引进商业数据库达到 25 个。

2. 推进校园信息化建设，整章建制，整合信息资源，提高运行效率，提高教师和学生应用信息技术水平，实现管理的现代化。

3. 加强教学、科研实验室、学生宿舍、学生科技活动中心建设，建设 800 平方米教育部金属耐磨材料及表面工程技术研究中心，建设 2.5 万平方米学生宿舍。认真做好三学区校园规划建设，抓好旧学生宿舍的改造。

4. 继续实施校园绿化、美化、净化、亮化工程，加强校园道路维修和管理，五年增加绿化面积 5 万平方米，为全校师生员工提供优美舒适的学习、工作和生活环境。

四、保障措施

（一）加强党建，提高党的建设科学化水平

1. 加强党的思想建设，用中国特色社会主义理论体系武装党员干部头脑。

2. 努力建设学习型党组织，不断增强各级领导班子和领导干部的办学治校能力。

3. 深入开展“创先争优”“五争当”活动，进一步增强基层党组织的创造力、凝聚力和战斗力。

4. 加强制度建设，完善惩治和预防腐败体系，严格执行党风廉政建设责任制。

5. 推进机关“三服务”工作，建设好管理干部队伍和后勤服务队伍，形成全面提高教育质量的良好氛围。

（二）开源节流，保障各项工作的经费投入

1. 积极拓宽融资渠道，依托教育、科技服务、校友和企业投资捐赠等多种形式筹措办学资金，培育经济增长点。

2. 推进节约型大学建设，采取压缩基本建设、行政经费支出等办法，确保对教学、科研、学科建设、师资队伍建设等方面的经费投入。

（三）深化改革，建立具有佳大特色的现代大学制度

1. 继续推进管理体制改革，明确管理权限和职责，调动学院的积极性和创造性。

2. 完善人才管理体制，改革专业技术人员职称聘任制度，稳步推进干部人

事制度改革，用好用活人才，提高人才效能。

3. “十二五”期间，按照教育部31号令要求，制定适合我校、具有佳大特色的学校章程，探索建立科学规范的现代大学制度，协调好行政权力和学术权力之间的关系，提高管理效率。

4. 推进党务、政务公开，完善重大事项专家论证听证制度、专家咨询制度，提高决策科学化、民主化水平。

5. 加大校办产业改革力度，激发内部潜能。

6. 推进分配制度改革，探索建立更具激励作用的校内分配体制。

心 语

教授心声

——躬耕求索育桃李芬芳

三十个春夏秋冬，三十载春华秋实；三十年教书育人，三十载躬耕求索。作为一名从医、从教30余年，始终坚守神圣医学誓言的医务工作者、医学教授，我始终以朴实宽厚的品格，博大宽广的胸襟，诠释着医生、教师的神圣职责，为了千千万万个残疾儿童能够早日康复，为了康复医学与教育事业的发展，辛勤地耕耘着……

人们常说的“蜡炬成灰泪始干”，是对教师的生动写照。如今年逾六旬的我，虽然只是一个“小蜡头”了，但自认为亮度不减。30余年来，我在教书育人、救死扶伤的跑道上，带领大家努力地“奔跑”着，用对事业的全部热爱，用对事业的高度责任感，用对事业的历史使命感，用自己的全部激情，用自己的全部青春年华，用自己生命的全部，从未倦怠过。我不知道终点在哪里，但我知道那一定是生命的尽头。

对于事业的热爱，源于家庭的熏陶，但更应该感谢的是我的导师——被誉为“中国小儿脑瘫康复之父”的李树春教授。老师的执着，老师的严厉，老师的优雅，老师的谆谆教诲，老师的高风亮节，使我更加坚定了自己的选择。接过老师手中的“接力棒”，把和他一起开创的中国小儿脑瘫康复和中国儿童康复医学教育事业坚持下去，哪怕被别人认为比脑瘫的还脑瘫，哪怕是被别人说自己在沽名钓誉。

三十余年的辛勤汗水，三十余年的辛勤努力，终于在今天换来了桃李芬芳。从1987年联合招收硕士研究生，到1999年正式创办中国第一家康复医学院，其中的心酸和滋味恐怕不是别人能说清的。如今，自己培养的学生遍布大江南北，许多已经成为或正在成为中国小儿脑瘫康复和康复医学教育的中流砥柱，他们正和我一道为中国脑瘫患儿的康复带来新的希望，为中国康复医学事业的发展添砖加瓦。有人问我：“最幸福的事情是什么？”我答道：“收到学生成长进步消息的时候。”那种幸福感和成就感无法用言语表达，这可能也是我一直坚持下来的动力所在。

三十年的教学实践中，我始终认为，教师的心灵有阳光，才能照亮学生精神的家园，让学生感受到世界的温暖；教师的心灵有色彩，才能缤纷学生智慧的眼睛，让学生发现世界的美丽。教育是一首诗，让师生诗意地栖居。教师在诗意中走进学生的心灵，学生在诗意中享受教育的温馨。诗意的教育让学生拥有一个诗意的青年时代，诗意的教育让教师拥有一个诗意的人生。和学生在一起是幸福的，所以我一直被幸福笼罩着。学生小孙，曾经为专业选择不被人理解而感到苦恼，也曾经为专业学习而感到迷茫，更为今后的前途悲观来找我。我给他讲述当初与老师一起创业的艰辛，给他指出专业学习的方法，帮他分析专业的发展前途，带领他一起开展科研、一起教学、一起诊断患者，使他坚定了自己的选择。如今的他已是一名优秀的医生，一名受学生喜爱的教师，单位的一名业务骨干。看着他每天快乐地工作，认真地讲授每一堂课，认真地对待每一位患者，我的心就会感到一种莫名的感动和安慰。

我喜爱儿童康复教育事业，所以我为之奋斗了一生；我喜欢教师这个岗位，所以我为之奉献了一生。我总说，只要自己身体允许，就会一直站在讲台上，发挥自己的一分光、一分热。虽已年过六旬，但我从未后悔自己的选择，也从未因自己工作繁忙耽误过学生的一堂课。虽已是研究生主导师，但我仍然坚持为本科生授课。在我看来，康复医学不是简单的封闭式研究，而是从生物、心理、社会等诸多方面综合评价和管理人类健康与疾病的开放式探索，是一门科学性、艺术性和道德性并重的学科。紧密结合康复医学教育自身的特色，全面分析学生的认知特点，有效激发学生的学习兴趣，切实提高学生的自主学习能力，积极促进学生思维能力的培养，才可以培育出具有高尚道德、良好素质、完整人格、扎实基础和创新精神的全面发展的康复医学人才。

教学实践中，我坚持每一个课堂都是一汪知识的海洋，每一句殷殷教诲都是一只高举的风帆，扶持着学生抵达“乘风破浪会有时，直挂云帆济沧海”的开阔境界，上能摘获知识峰顶的桂冠，下可撷取海底潜藏的明珠。所以我不断进行反思，不断总结经验，想尽办法最大限度地调动每一个学生的参与积极性，突出培养思维分析能力和实践技能，推行以问题为中心的自主学习教育理念，力求授课语言精炼、生动，达到师生友好互动、活跃课堂气氛，将现代信息技术、多媒体技术普遍地应用于教学活动的各个环节，亲自设计和制作图像、视频、动画、演示教具等教育资源，引导学生认识和理解其内在规律，有效地提高了学生解决临床实际问题的能力。2012 年，全国举办中国首届康复治疗学本科学生技能大赛，我们选派的两组参赛选手一举获得团体一等奖和团体三等奖的好成绩，这也从另一方面验证了这一教学理念。

三十年的教书育人实践中，看的多了，感悟也就自然多了。我经常对学生说，虽然从年龄上讲，你们已经长大了，但是从心理上讲，你们是不成熟的，还有许多事情是你们这些喝着糖水长大的孩子们所不知道的。每个人的人生大概要经历六次重要转折。第一次转折就是从母体里分娩出来，从一个非常封闭、安全的环境来到一个充满各种变数的环境。第二次转折是从幼儿园到上小学，主要任务从玩变成了学习、掌握新的知识和技能。第三次转折就是从中学到大学，面临环境、学习方式和价值观、理想信念方面的一些根本性的变化。第四次转折是从大学毕业走向社会。这个时候，第一次离开学校走向社会，第一次以一个独立的个体去面对社会提出的各种各样的要求，去担当起每个人都应担当的责任，要扮演各种各样的角色。第五次转折就是离退休，人生的任务又发生了根本的变化，从以工作为主变成以休闲为主。最后一次转折，就是生命的最后历程。

在这六次转折里，对人的一生起决定作用或起主要作用的转折应该是三、四两个阶段，这两个转折在人的一生中是非常非常重要的。因为在这两个转折过程中，我们的生活方式、学习方式、学习内容、学习目的都发生了重要变化。从中学生到大学生的转变，一个核心内容就是人际关系观念的转变。在中学或在中学以前，人际关系的概念更多的是友谊的扩展，其重要特点就是它的交往双方是根据个人的好恶来作取舍的。但作为大学生，在很多情况下，我们必须跟很多我们看不惯的人和平共处，大到国际之间的纠纷也是这样。一个人要想发展，要想发挥自己的潜力，要想对这个社会做出一点有价值的事情，必须有一个良好的人际环境，这个良好的人际环境就是能够跟周围的人建立一种和谐的人际关系。此外，如何正确地认识自己和评价自己也非常重要。在上大学之前，无论是在中学还是在班里，甚至在周围方圆几十甚至几百公里内的中学里边，你们都是出类拔萃的，深得同学、老师、家长、亲友的重视。但到了大学之后，这种优势变得越来越少。跟周围的同学相比，会发现很多人比你要优秀一些，这也是大家都要面临的，也是必须正确对待的一个非常严峻的挑战。

了解了我们面临的挑战，下面应该怎么办呢？从我的教学实践看，大学生活中应注意三个方面的问题。第一，要不断提高生活上的自理能力，包括一些基本的生活能力。有一次，我去英国，和一群三年级的孩子一起上课，他们的课堂非常活跃，与老师的关系非常亲密。中午吃饭时，从分配食物到最后扔垃圾都做得秩序井然。这种生活自理能力反映了一种对生活的态度和对其他人的尊重。我们应该学习和掌握一些必要的生活自理能力，逐渐从依赖别人的生活方式转变为独立的生活方式。第二，要学会用平等的态度对待自己和他人。在与同学的交往中，要采取平等的态度。比如说，有的同学恃才傲物，不屑与其他同学交流；有的同学觉得能力较差而不敢交流。这两种情况都会使我们失去很多机会。请相信，没有人会因为我们比他们知道的少而瞧不起我们。第三，要正确地认识、评价自己。在新的环境里，要认清自己的实力或者说潜力，树立自信心。许多同学进入大学后，发现自己的位置下降，这是环境因素变化造成的，而不是个人能力问题。进入大学后，大家站在同一起跑线上，看谁能更好地利用时间，更好地发展。即使在能力方面与别人存在差距，也要允许自己有一个逐渐追赶的过程。

另外，要客观地对待别人的优势。在承认与别人有差距的情况下，仍能保持自信心。一个人能力再强也不可能事事都超过别人。我们要心悦诚服地看待别人的优势，虚心学习别人的优点，而不能耿耿于怀。有一本关于心理健康的书叫作《做人的权利》，罗列了很多权利后，写道：有一条权利最容易被忽略，那就是“你有不如别人的权利，但很多人都自动放弃了，因为他们觉得自己不能不如别人”。

最后，要不断吸取别人的长处，提高自身各方面的修养水平，在平等的交往中达到互补。尽管大家还不太熟悉大学这个环境，但不适应的感觉很快就会过去，最重要的是在这个过程中我们要对自己有个客观的认识和评价，能够接受自我、超越自我，从而接受来自各方面的挑战。

“行是知之始，知是行之成”，这是中国教育家陶行知先生著名的“知行说”。三十余年的教学实践，一路走来，我才慢慢理解了对于一个人的发展来说，“行知”与“知行”的深刻含义。人的问题往往源于人的思想。有思想的人往往是有学问的人，有学问的人往往是善知的人，善知的人往往是在“行”的过程中善问的人或渴望清除障碍的人，因为“行”是“知”的源头。

对于大学生来说，“行知”与“知行”是一个体验的过程。在这个过程中，你比别人多一点努力，多学些知识，日后你就比别人多一点“行”的能力，多一点“行”的自信。因为大学给每个人创造的机会都是均等的，关键在于你是否准备好了。同时，承受压力也是成长过程中必须面对的，是每个人都不能回避的社会经历。每个人对压力的承受能力如何，取决于每个人的人格品质，这也是为什么有的人能战胜困难而成为强者，而有的人向困难屈服甚至放弃生命的根本所在。作为一个有30余年教龄的老师，我希望大家都成为强者、成功者。

30余年来，对教书育人的热爱，使我乐此不疲。不知为什么，也许是年龄大了，对于毕业典礼上学生献花和向老师敬礼的举动，看着一张张朝气蓬勃的脸庞，总有一种莫名的感动、莫名的回味，是对学生的成长更加在意了吗？之后仔细想想，我在意的是自己对爱的收获，在意的是对事业的30年执着追求，在意的是儿童康复事业的后继有人，更加在意的是这些祖国的未来对老师们爱的回报……

【作者简介】 李晓捷，教授、研究生主导师，黑龙江省高校重点学科带头人、黑龙江省高校重点实验室主任，省级优秀教学团队带头人、省级优秀研究生导师。兼任国际物理医学与康复学会理事、教育委员会委员，中国康复医学会常务理事、儿童康复专业委员会主任委员，中国残疾人康复协会副理事长、小儿脑瘫康复专业委员会主任委员，中国医师协会儿童康复亚专业主任委员，《中华物理医学与康复》等国家核心期刊编委等多项学术兼职。现为佳木斯大学康复医学院、附属第三医院暨黑龙江省小儿脑性瘫痪防治疗育中心名誉院长，小儿脑瘫一科主任，省级教学名师。

才俊感悟
——一万年太久，只争朝夕

“多少事，从来急；天地转，光阴迫；一万年太久，只争朝夕。学着活在当下，只争朝夕，你将拥有一万年！”

又一年9月，又一批新生携手佳木斯大学。首先对各位同学迈进梦寐以求的高等学府表示最热烈的祝贺和欢迎。同学们，从今天起，你们就是大学生了。试问一个简单的问题，什么是大学？有同学说大学就是高中之后的“游乐场”，也有同学说大学就是思想自由、行为自由、言论自由的“天堂”，成熟的同学也许会说大学就是进入职场前的“训练场”和“前哨站”等。但不管是调侃还是深思，在某种意义上说，大学就是著名的雕塑《思想者》，在这里，我们将严肃思考人与自然的关系、人与社会的关系、自由和平等的关系、科学技术和人文精神的关系等。我们也将思接千载，努力追寻，认真积极地对待身边的每一个人，处理每一件事，珍惜每一分钟。当渐渐地从这些细小琐碎中抽离出来，你会意识到大学之于我们其实不是成绩、不是专业，而是一种精神，是我们对人生的激情、对工作的坚韧和对生活的自信。没有了这些精神，我们不可能成就事；相反，有了这些精神，所有事就都成为可能。这，便是大学之于我们的最大馈赠。作为一名年轻教师，我想和大家分享我的成长经验，也真诚地希望我的经验能够对你们大学四年有所帮助和启迪。我也将虔诚地与你们携手走过一段挥洒汗水但依然坚持梦想的日子，用理想和执着书写属于你们自己的绝版青春。

一、转变心态　重塑自我

刚刚经历过高考压力的你们，怀揣着对大学的期望与憧憬走入了校园。我想，你们每个人都憧憬过自己的大学生活会是什么样子的，青春激昂、轻松自由、温馨快乐，所有温暖的字眼都是你们期待的。你们带着对大学生活的美好幻想进入大学，但现实往往给你们当头一棒，因为大学与你们想象中的不太一样。这时你们必须学会调整心态，学会理性地平衡理想与现实的差距。要知道心态决定成败。一般人的一生平均有十分之三的时间处于不佳状态，若任由这种状态肆意发展，生活会让你格外痛苦，长此以往会消磨掉你的斗志和理想，最终导致你不成功的人生。做人做事要多看美好的一面，不去过分苛求小的细节，换个角度思考和处理问题。遇到现实与理想相悖的情况时，我们一定要摆正心态、自我调节、正确定位，学会把握自己。大学是一个有广度、有深度又自由的场所，在这里你要学会很多，比如日常生活中的自力更生，人际关系的和谐处理，人生理念的深刻理解，人生技能的学习锤炼，未来人生的设计规划……这是摆在所有大学新生面前的问题。不同的选择将有不同的行为，不同的行为也将会带来截然不同的人生。

或许你了解过大学的生活，已经作好了准备。那么恭喜你，你已经比别人优先了一步。凡事“预则立，不预则废”，从大一开始要对自己的大学与人生作好规划，并且不折不扣地执行，才能使自己的大学生活过得愉快而充实。由于我在本科阶段有了这方面的经验，所以在硕士、博士、博士后阶段乃至现在的工作中，都取得了一定的成绩，并且学习和工作能够做到有条不紊地推进。所以，不管是将来毕业后马上就业、考研还是出国，大家一定要及早规划自己的未来，争取以最优秀的表现赢在起跑线上。记住：“所谓大学者，非有大楼之谓也，而有大师之谓也。”大学开始的艰辛“尝鲜”的军训一课会让你更好地明白，人生不如意的事情总有二三，只有永不放弃坚持自我的人，才有可能逐鹿校园。请慢慢地在军训中学会独立与自强，这是大学独立生活的第一课。

进入大学，就是一个新的环境，你要接触新的人。你们的过去对于别人来说就是一张白纸，可能你不善于表达自己，不善于与他人交流，也可能你有这样或那样的缺点和不良习惯，不要紧，这是你们重塑自己形象的时候。既然意识到自己的不足，那么就要毅然决然地改掉以前的缺点，重塑一个完美的自己。

总之，在大学要学会调整自己，早早地确定自己的目标，根据目标制订计划并较好地执行，那么你的大学生活才会是愉快而充实的。对于你们这些经过大浪淘沙走进象牙塔的大学生来说，知识、方法可以很快掌握，但是良好的习惯、优秀的品质、高尚的品德却不是朝夕可就的。只有把求知与做人完美地结合起来，才能成长为一个对社会有用的人，才能真正实现自己的价值。

二、学会学习　享受学习

大学如同高中一样，也是一所学校，但是一所特殊的学校。与高中不同，老师不会督促你的学习，不会约束你的行为，在这里没有强制性的作业，没有堆积如山的习题，任何事情全凭大家自觉。“过度”的自由有时会让你觉得茫然不知所措，甚至会让你感到寂寞、迷茫和恐惧。有人说，大学的学习就是大概的学习，“临时抱佛脚”“60分万岁”的现象在大学里屡见不鲜。对这种浅薄无知的认识，我们要坚决反对。因为大学是人生中心智成长、行为养成的重要时期，也是人一生中最后一次系统性地接受教育的阶段。学习的广度和深度直接影响着一个人的心智、思想、气质和品格。大学时间非常宽裕，也非常自由，认真听课是一天，徜徉书馆是一天，QQ聊天是一天，网络游戏也是一天，历史的经验和我的体会告诉大家，同学们不同的选择将有不同的行为模式和方式，不同的行为模式和方式也将会带来截然不同的人生结果。这种截然不同的人生结果将会在大学毕业时，在面对惨烈的就业竞争和残酷的淘汰机制时显露无遗，因此学习永远是大学生活的主旋律。

当年的我也曾懵懂和困惑过。在经历了大学学习一段时间后，刚入大学的亢奋、喜悦没有了。那些中学时代“尖子生”的优越感也荡然无存了，有的只是深深的失望、困惑甚至自卑。一连串的困惑纷至沓来：老师讲课不细致、不全面了，课堂容量太大了，理论性太强了，课程安排不合理了，等等。此时恰恰是考验我们的时刻，更是我们重塑自我的好时机。我们要用积极的心态调整自己，迅速适应新环境。要知道，你们几乎都是高中时代的优等生，要想赢在大学，拼的就是思想，博的就是态度。如果你在大一时就确立了领先优势，那么接下来只要一如既往地努力，你会一直保持领先位置。

作为你们的老师，我以过来人的经验告诉你们：学习专业课的最好方法是在老师讲课之前，就把课本中的相关问题琢磨清楚，然后在课堂上对照老师的讲解，弥补自己在理解和认识上的不足之处。老师的理解比你们深刻，这样听课的效果会事半功倍。这就是常说的积极主动地学习知识、研究学问，进而培养自己在分析问题、解决问题方面的能力。课前的五分钟绝对顶得上课后的一小时。其次，学习贵在理解。中学生在学习知识时，更多的是追求“记住”知识，而大学生应当要求自己“理解”知识并善于提出问题。对每一个知识点，都应当多问几个“为什么”。一旦真正理解了理论或方法的来龙去脉，大家就能举一反三地学习其他知识、解决其他问题，甚至达到无师自通的境界。张岱云：“学海无边，书囊无底。世间书怎读得尽。”古人又云：“书中自有黄金屋，书中自有颜如玉。”所以，大学生除了要学好专业课之外，一定要养成自主阅读的习惯，充分利用大学的各种资源，从各种渠道吸取知识，所以“泡”图书馆绝对可以称得上大学生最经典的行为模式和方式。如果在大学四年你没有“泡穿”图书馆，那么我只能说你的四年大学是不完整的，或多或少会有遗憾。最后一点就是：永远不要为了考试而学习。我们应该在策略上重视它，在战略上藐视它。要知道，一个人心智的成熟、视野的开阔、知识的积累、思想的升华、内在的涵养都与大量的阅读密不可分。唯有涉猎各方面知识，提高自己的理论水平和人文素养，才能兼收并蓄，使为学具有世界眼光和开放胸襟，继而做到“海纳百川，有容乃大”。

孔子说：“学而时习之，不亦说乎？有朋自远方来，不亦乐乎？人不知而不愠，不亦君子乎？”这三句话折射出的是做学生应该有的三个态度，说白一点就是：学习要耐得住寂寞；学习还要复习；同门为朋、同志为友，和同学多交流学习心得体会，独学而无友，则孤陋而寡闻。大学四年中只有广泛地学习、踏踏实实地学习，你们才不致在大学四年碌碌无为，走出校门的时候也不会因为什么都没学到而悔恨。因为通过学习，你们也会成为内外兼修、德才并举的人，成为有潜力、有思想、有价值的青年人。

三、参与实践　成就自我

昨天，形色匆匆，犹如大江东去，一去不返；今天，实实在在，有如阳光雨露，温馨美好。作为年轻人，物质可能是贫穷的，但你们张扬，青春就是你们的筹码。这正是你一生中最美好的时候。这时的你们刚刚踏入成年阶段，带着对生活的懵懂、青春的激情与活力以及对梦想的渴望，给这个社会带来五彩斑斓。尽情挥洒你们的激情吧，舞动青春，放飞自我。

新的起点，新的跑道蕴藏着新的精彩。身为“90 后”的你们，大多为独生子女，在这里，你会遇到与你同吃同住的兄弟姐妹，体会到不是亲情胜似亲情的温暖。大学，不再是沉闷压抑的中学时代，这里拥有丰富多彩的课余生活，社团生活是大家展示自我的最好舞台，也是放飞自我的良好平台。在这里，你会遇到很多志同道合的朋友，这将会极大地丰富你们的校园生活。我认为，同学们积极主动地、有目的地、有意识地参加社团，不仅可以培养自己的人生志趣，而且可以培养自己参与社会、与人沟通和交流的能力，最终使自己很好地融入集体和社会。

佳木斯大学的社团各有特色、不胜枚举，要依据自我爱好认真选择，有意识地培养自己的人生志趣和专业兴趣，比如文艺方面的、体育方面的、礼仪方面的、专业方面的等。例如，我校的特色社团——晨曦英语社团，是同学们一个不错的选择。在 21 世纪，全世界使用英语的人口达四分之一，英语是 70 个国家的官方语言、100 多个国家的首选外语。目前，全世界的经济贸易、商业文书、政府交往、学术论文、旅游交通都用英文，科学界完全用英文交流。软件程序用英文写，网址域名注册为英文，互联网上的材料 90% 是英文，国际学术会议用英语。由此可见，学习英语是一件关乎未来发展和交流的事情。英语的作用非常大，对于有理想、有作为的高层次人才来讲，几乎是必备的。因此，在大学期间，你们要努力学习英语，通过英语四、六级考试是必要也是必需的，除了在以后找工作的时候它是一块非常重要的“敲门砖”，而且过级本身塑造的英语能力可以提升竞争力，因为在未来的求学、就业等各方面，对英文能力都有一定的规定和要求，所以要想得到更好的学历或者工作岗位，就必须学好英语。另外，英语能力的培养不一定要在课堂进行，任何地点、时间都可以，在英语角、英文电影、英文歌曲和晨曦英语社团都可以得到锻炼。在这里，还要重点提一下科技创新社团。“创新是一个民族进步的灵魂”，科技创新旨在培养和锻炼同学们的操作实践能力与创新思维能力。每年学校都会组织同学们参加校内外的各种科技创新大赛，进而提高同学们的实践操作能力和科技创新能力。我个人是科技创新社团的成员，也是受益者之一。在大学，我参加了学校的科技创新社团，利用课余时间，在指导教师的带领下，通过查阅文献、整理文献、分析文献、设计和实施实验方案等环节，锻炼了自己的科研能力，培养了自己的科研思维，养成了较好的科研素养。在当年的硕士研究生入学考试复试中，由于本人的科研能力较好，得到了面试教师的一致认可，并在接下来的硕士、博士和博士后的学习中，能够做到得心应手，取得了较好的成绩。在从事高校教育的几年里，连续两次囊括国家、省、厅和校级的全部纵向科研课题。这些成绩的取得，与在大学期间对事情多看、多想的思维过程是分不开的。

关于大学生做兼职，我持有保留意见。如果仅仅为了赚钱，做兼职是不可取的；若为了锻炼自己，实现自我价值，有意识地学习一些课堂上学习不到的东西，想利用课余时间做点兼职还是值得提倡的。我认为，到与自己专业相关的机构做兼职是非常好的选择。这对于未来自己的职业生涯来说，是难得的锻炼机会，能使书本与实践相结合。既能够学到更多的专业知识，也能够了解与同事的相处之道。

四、 规划人生　梦想起航

优秀的人，是如何掌握成功秘诀的？卓越的人，是如何追寻心中梦想的？伟大的人，是如何攀登理想高峰的？人生若舟，浮在水中，漂泊不定，正如流浪的风景，不知哪里是归宿，也不知哪里是终程。著名哲理学家弗洛姆说过：我们需要一个献身的目标，以便把力量整合到一个方向，超越我们孤独的生存状态，超越此状态所造成的一切疑虑与不安之感，并且满足我们企求生活之意义的需要。

哈佛大学曾经作过人生规划调查，结果显示：仅3%的人有自己清晰的长远目标，10%的人有清晰但比较短期的目标，60%的人只有一些模糊的目标，27%的人没有目标。这给我们的启发是：3%的人都成了社会各界的精英、领袖；

10%的人是各专业的成功人士，事业有成；60%的人成为社会大众群体，平凡地生活着；27%的人生活不如意，生活不定，抱怨社会不公平。“一个人在与其人格类型相一致的环境中工作，容易感受乐趣和内在满足，最可能充分发挥自己的才能。”所以，如何规划自己的人生，成为一件很重要的事。千万不要觉得为时尚早，须知机会只青睐于那些有准备的人。

从你跨入大学校园的那一刻起，你就不再是一个只享受父母呵护的孩子了。你应该学会担当责任，深层思考感恩父母，严谨规划自己的未来。首先你要思考自己以后的方向，四年之后是考研还是出国深造？想考公务员还是打拼自己的事业？也许你们会觉得，现在不用想那么远吧，我们才刚刚入学。错，大错特错！一个成功的人永远是有思想的，是先他人一步的。同时我也要提醒你们，制订目标要切实可行，既不能过高也不能过低。不被人嘲笑的梦想不叫梦想，所有人都能实现的目标也不是目标。不同的选择将有不同的安排，而不同的安排也将会带来截然不同的结果。切忌好高骛远，要慎重，不可妄自菲薄。要考虑自己的潜能。每个人的潜力都是无限的，只要你们敢想敢做，一定会离你的目标越来越近。

你们一定要坚持自己的理想。俄国大文豪列夫·托尔斯泰说过：“理想是指路明灯。没有理想，就没有坚定的方向；没有方向，就失去前进的力量。”张闻天说过：“生活的理想就是为了理想的追求。”现实和历史早已证明：一个没有理想和信仰的国家，是危机四伏的奴隶之群；一个没有理想的民族，是毫无希望的沦落之邦。理想这不灭的灯要让它照亮在你们的心上。

青春是自由的，青春是张扬的。青春同时也是一个人生命的黄金时期，是塑造自己、定性自己的重要阶段。青春可以斑斓，但却不可懒惰。在青春的岁月里，蹉跎青春是极度奢侈的糊涂行为。大学时就过着理想的“潇洒生活”，错过黄金生长期，那么以后的苦痛需要用很多倍的努力才能够缓解。有压力才有动力，所以大胆地规划你的人生吧，未来四年的或者更长时间的规划，应从现在开始。

最后跟同学们分享两句话，作为老师们对你们的期望。

第一句话是智立方董事长兼行政总裁杨石头的座右铭：“离经不叛道，特立不独行。”他告诉我们，在人生中我们可以不遵守经典教条，但却不能背叛自己的信仰和基本的道德底线。在群体中你可以有不同的见解，但是不要脱离那个群体。

要做到这一点，就要求同学们要具备责任感和使命感，在遵守校规、院规的前提下，可以“百家争鸣、百花齐放”。同时还要兼有关爱、包容、优雅和感恩的气质与态度，同学之间、同事之间、师长之间要做到求同存异，举手投足之间要体现出我们的一种修养、一种神韵、一种成熟。同学们要记住，让人成熟的不是年龄，而是经历。

第二句话是苹果公司前 CEO 乔布斯在斯坦福大学演讲中说过的一句话："Stay hungry，stay foolish."这是励其志、明其行的人生赠言。"Never be satisfied，always feel hungry for knowledge，success and another achievement."意思是，每个人要有一颗不满足现状，对知识、成功和下一个目标渴求的心。有这样一句话：I know what I know，I don't know what I don't know；I know what I don't know，I don't know what I know… 强调一个人对自己的知识、所知、所得要有一个清晰的认识，与对未来和所要学习和了解的知识或人生而言，我们每一个人都显得那么无知和浅薄。你们还处在一个思想、行为、能力、知识等各个方面都有待进步和极大提高的阶段，你们唯有学习、学习、再学习，才可能不辜负老师、家长和社会在四年大学对你们的培养，才可能成为一个对社会和家庭有用的人。

总之，老师们希望你们在这四年里努力学习，踏实做事，诚实做人。不管我们将来从事什么样的职业，我们都要做一个健康的人——一个身体健康、心理健康、行为健康和审美健康的人，做一个有责任的人——一个对社会、对父母、对家庭、对你爱的人负责的人。

最后愿同学们在佳木斯大学生活愉快，学业有成。

【作者简介】 沙靖全，男，1975 年 10 月生，中共党员，博士，副教授，硕士研究生导师。现为佳木斯大学药学院制药工程系主任，黑龙江省药学研究所副所长，黑龙江省生物药制剂重点实验室副主任，国家级特色专业、省重点专业和药学省一级重点学科后备带头人；中国高等教育学会医学教育专业委员会药学教育研究会理事，黑龙江省化学会理事，佳木斯市药学会常务理事，佳木斯市第六批有突出贡献的专业技术专家。研究方向为新型功能材料分子的设计、合成与性质研究。近五年发表有关新型功能材料分子且被 SCI 检索的研究论文 50 余篇，其中影响因子在 4.0 以上的 18 篇。获黑龙江省科学技术进步二等奖 1 项，省高校科学技术进步一等奖 1 项，市科学技术进步特等奖 1 项、一等奖 1 项。主持国家自然科学基金项目 2 项，省自然科学基金项目 2 项，省新世纪优秀人才项目 1 项，省骨干教师资助项目 1 项，厅局级项目多项。出版学术著作 2 部，获发明专利 1 项。

学海泛舟

——知己知彼，百战不殆

亲爱的同学们，你们来到美丽的佳大校园，肩负的一个重大使命就是学习知识、掌握本领，成为“宽口径、厚基础、高素质、强能力”的创新型人才。而要实现这一目标，就要熟悉学校关于教学管理的相关规定，不走或少走弯路，在大学学习和生活中顺利起航。

一、了解教学日常管理规定

（一）学习年限与留、降级

1. 学校实行学年学分制。允许学生在学校规定的学习年限（本科学制为4年或5年）内实行弹性制，即：修满学分可提前毕业；或根据实际情况延长学习年限，推迟毕业时间（由于各种原因需延长年限者，在达到规定年限后，经本人申请，方可办理延长学习年限的手续）。学生的学习年限最短可比规定的学习年限缩短1年，最长可比规定的学习年限延长3年。

学生在规定年限内提前半年修满本专业教育教学计划规定的学分，符合毕业条件的，经批准，可先工作实习，半年后返校，按照规定程序领取毕业证及学位证。

2. 学生每学期（第一学期除外）学习成绩在重考后仍有10学分及以上未通过者，或每学年学习成绩在重考后仍有15学分及以上未通过者，应予留、降级（公共体育课不计入留、降级的学分）。留、降级的学生应相应交纳全年的学费。

3. 学生留、降级前考试成绩达到及格（含及格）以上的课程，允许免修。学生留、降级后，学有余力，经本人申请、学院同意，报教务处批准，可以学习后续课程（一学期不多于三门）：考核及格的可以免修；考核不及格的可不重考，也不计入不及格课程门数，以后重修。

（二）考核与成绩记载

1. 学生必须参加学校教育教学计划规定的课程和各种教育教学环节（以下

统称课程）的考核，考核成绩记入成绩册并归入本人档案。

2. 考核分为考试和考查两种。考试课的成绩评定为百分制，60 分及格；考查课采用五级分制（优秀、良好、中等、及格、不及格），选修课、素质教育课采用“通过”“不通过”记载。考试课成绩的评定，以学期末考试为主，平时成绩（出勤、听课、提问、实验、实习、课外作业、课堂讨论、测验等）为辅。平时成绩所占分值的比例由各课程承担学院（系、部）根据本门课程的实际情况自行确定，比例一般控制在10% ~30%，报教务处备案。期末考试课程的卷面分数经折合后达到及格标准的，方可加计平时成绩；折合后卷面分不及格，则该门课按照不及格处理。考查课成绩是指对学生听课、实验、实习、课堂提问、讨论、课外作业、习题的情况以及平时测验、期末考试成绩等的综合评定。考查课成绩评分，以平时成绩为主，结合期末考试成绩综合评定。选修课与素质教育课成绩的评定，以平时考核予以评定，一般不再进行期末考试。平时成绩的考核办法、所占比例等都应在学期授课计划中明确规定，并在开课前向学生公布。

3. 单独设课的实验课成绩的评定，以平时考核为主，也可辅以必要的考试。实验课考核不及格者，必须补做或重修。不单独设课的实验课，也要进行考核，并按照一定比例记入该门课程的成绩。

4. 学生必须按照教育教学计划的规定参加毕业设计、实习、课程设计等教学环节，经考核或答辩不及格者，必须进行补做或重修。

5. 公共体育课为必修课，重考后仍不及格者应重修。因缺课不及格的，不能补考，必须重修。由于身体原因不能正常上体育课者，经学生本人申请，学校医院证明，学生所在学院同意，报教务处批准，根据具体情况，参加体育教师指定的适合本人情况和特点的体育活动，经考核合格者，给予相应的成绩。学生体育课的成绩应当根据考勤、课内教学和课外锻炼活动的情况综合评定。

6. 公共外语课和公共计算机课的考核按照学校《公共外语教学管理办法》《计算机基础教学管理办法》执行。

7. 学生因疾病、特殊事故而不能参加各类课程考核者，必须事先向本学院申请，并持学校医院诊断或特殊事故证明，经学院同意、报教务处批准后，可以缓考。缓考在重考中安排，缓考不及格者，该门课程必须重修。学生无故不参加考核，将被视为旷考，凡旷考者不准参加重考，必须重修。

8. 学生严重违反考核纪律或者作弊的，取消该门课程成绩，视其违纪或者作弊情节，给予批评教育和相应的纪律处分。给予留校察看及以下处分的，经教育后表现较好，在毕业前对该课程给予重考或者重修机会。

9. 学生思想品德的考核、鉴定，以《高等学校学生行为准则》为主要依据，采取个人小结、师生民主评议等形式进行。

10. 各门课程考核及格，即获得该门课程的学分。为了区分学生学习成绩的优劣，应计算学分绩，学分绩的计算方法如下：

考试考查成绩	等级	绩点
优秀（90～100分）	A	学分数×4
良好（80～89分）	B	学分数×3
中等（70～79分）	C	学分数×2
及格（60～69分）	D	学分数×1
不及格（59分以下）	E	学分数×0

学期所修各门课程的学分绩相加，为该学期的总学分绩。一学期所修课程平均学分绩的计算方法为

总学分绩÷各门课程的学分总数＝平均学分绩

（三）请假与考勤

1. 学生请假期限为一天以内的，由学生本人提出申请，辅导员批准；请假期限为三天以内的，由学生本人提出申请，经辅导员同意，并出示有关证明，由学院学生工作办公室主任批准；学生请假期限为四天至一周的，由学生本人提出申请，经学院学生工作办公室主任同意，报学院主管领导批准；学生请假期限超过一周的，由学生本人提出申请，经学院主管领导同意后，报学校学生工作部（处）审批。

2. 学生要按时参加教育教学计划和学校统一安排、组织的一切活动。学生上课、实习、劳动、军训、社会实践等都应实行考勤（每天按照6学时计）。因故不能参加者，须事先请假并获得批准；否则按旷课处理。

3. 学生由于各种原因缺课累计超过所学习课程（含实习、课程设计、毕业设计等实践环节）教学时数三分之一者，不得参加本门课程考核，必须重修。

（四）重考、免修、重修

1. 期末考试成绩不及格的学生以及对已考试通过的课程成绩不满意的学生，可在下学期开学初申请重考，重考按照卷面成绩记载。

2. 学生在前一学年学业成绩平均达到80分及以上水平，且无重考的，经学院同意，教务处考核，可以申请提前自学课程，提前自学课程的考核和审定每学期进行一次，考核在重考中安排。考核通过者，可以免修该门课程。公共体育课、马克思主义理论课、思想品德课、实验课、实习、课程设计、毕业设计及其他特定的课程一般不能免修。

3. 期末考试不及格或重考不及格的学生，均可申请重修。

（五）转专业与转学

1．学生有下列情况之一者，可允许转专业。

（1）学生确有专长，转专业更能发挥其专长者。

（2）学生入学后发现有某种疾病或生理缺陷，经学校医院或学校指定的二级甲等以上医院诊断证明，不能在原专业学习，但尚能在本校其他专业学习者。

（3）经教务处认定，学生确有某种特殊困难，不转专业则无法继续学习者。

根据社会对人才需求情况的发展变化，必要时，学校可以适当调整部分学生所学的专业。

2．转专业的基本原则。

（1）调转专业原则上仅限于一、二年级相近专业的学生。

（2）文科专业与理科专业原则上不能互转（文理兼招的专业除外）。

（3）预科生不能转为计划指令性学生。

（4）毕业应取得非国家普通高等学校毕业证的学生不能转到应取得国家普通高等学校毕业证的专业学习。

（5）体育、艺术类专业学生原则上与其他专业不能互转。

3．学生转专业手续按照下列程序办理。

（1）要求调转专业的学生首先到教务处登记，填写“调转专业审批表”。

（2）对于新入学的学生，必须持入学通知书到原专业报到，并办理有关手续，待学校批准后，再统一调转。

（3）转专业必须经转入、转出学院同意，学校审批后，方可转专业。转专业后，要能保证正常教学活动基本不受影响。

4．学生有下列情况之一者，可允许转学。

（1）学生确有专长，转入其他学校更能发挥其专长者。

（2）经学校认定，学生确有某种特殊困难，不转学则无法维持正常学习者。

5．学生转学手续按照下列程序办理。

（1）申请转出的学生，填写“学籍变动申请表”，由所在学院同意，报教务处审核，经学校批准后，由学校向拟转入学校发函，待转入学校同意并经省教育厅批复后，办理转学手续。

（2）申请转入我校的学生，需要本人提出书面申请，转出学校来函，教务处审核，学校批准后，向省教育厅呈报，待省教育厅批复后，办理转入手续。

（3）学生申请转入省外高校或由省外高校转入我校，须经两省教育厅批准。需转户口的，由转入地教育厅将有关文件抄送转入校所在地公安部门。

（4）在上报转学文件时，还须附下列材料：

①因有专长转学者，应有在省级以上刊物发表的有关论文或获奖证书；

②因病转学者，应有学校医院或学校指定的二级甲等以上医院的诊断证明；

③因特殊困难转学者，应有必要的证明材料。

6. 学生有下列情况之一者，不得转学。

（1）新生入学未满一学期的。

（2）由一般院校拟转入重点院校的。

（3）由专科拟转入本科的。

（4）招生时确定为定向、委托培养的。

（5）本科三年级（含三年级）以上的。

（6）休学期间或受留校察看（含留校察看）以上处分的学生。

（7）其他无正当理由者。

（六）休学、复学

1. 学生有下列情况之一者，应予以办理休学。

（1）因病经学校医院或学校指定的二级甲等以上医院诊断，需停课治疗、休息时间占一学期总学时三分之一以上的。

（2）一学期因病假累计缺课超过学期总学时三分之一的。

（3）由于特殊原因（如意外事故等），本人申请或学校认为必须休学的。

2. 学生休学一般以一年为限（因病经学校批准，本科学生可连续休学两年），累计不得超过两年。

3. 休学期间有关事宜按照下列规定办理。

（1）停发各类奖学金和补助费，不享受贷学金。

（2）因病休学，须办理休学手续离校，病休期间可按照学校规定享受公费医疗待遇一年。

4. 学生应征参加中国人民解放军（含中国人民武装警察部队）的，可保留其学籍至退役后一年，但不享受在校生和休学学生待遇。

5. 学生复学按照下列规定办理。

（1）因病休学者，申请复学时，须在休学期满前两周内向学校递交复学申请，并持休学证明，经学校医院或学校指定的二级甲等以上医院体检合格，方可办理复学手续。

（2）对要求复学者，学校应进行全面复查，如在休学期间有严重违法乱纪行为者，取消其复学资格。

6. 学生在保留入学资格、休学期间，不得报考其他院校。

（七）退　学

1. 学生有下列情形之一者，予以退学。

（1）学生学习时间超过规定年限三年仍未完成学业者。

（2）连续留、降级两次者。

（3）休学期满两周内不办理复学手续或申请复学经复查不合格者。

（4）连续旷课两周或学期累计旷课 80 学时者。

（5）本人申请退学者。

（6）经学校认定符合休学条件而不休学者。

（7）经学校医院或学校指定的二级甲等以上医院诊断患有疾病或意外伤残，无法继续在校学习者。

（8）超过学校规定期限未注册而又无正当事由者。

2. 学生退学由学校审批，并报省教育厅备案。

3. 被做退学处理的学生接到退学通知后，在一周内办理退学手续并离校；未及时办理退学手续或办理手续后未及时离校而出现的一切后果，由学生本人负责。退学的学生，档案、户口退回其家庭户籍所在地。

（八）毕业、结业与肄业

1. 具有学籍的学生，德智体合格，在学校规定或允许的年限内修满教育教学计划规定的总学分，考核及格，准予毕业，颁发毕业证书。符合学校学士学位授予条件的本科生，同时授予相应学科门类的学士学位，并颁发学士学位证书。

2. 学生在学校规定或允许年限内，修完教育教学计划规定的内容，未达到毕业要求，给予结业，发给结业证书。结业后，如学生申请，可给一次重考、重修或者重作毕业设计、论文、答辩的机会（除重考外，均随下一年级进行），合格后换发毕业证书，毕业时间按照发证日期填写。

3. 在校学满一学年以上退学的学生发给肄业证书。

4. 学校严格按照招生时确定的办学类型和学习形式，填写并颁发学历证书、学位证书。

5. 学校执行高等教育学历证书电子注册管理制度，每年将颁发的毕（结）业证书、学位证书信息报省教育厅注册，并由省教育厅报国家教育部备案。

6. 对完成本专业学业同时辅修其他专业并达到该专业辅修要求者，学校发给辅修专业证书。对在完成本专业学业（获得毕业证书及学位证书），同时修读第二专业或双学位并达到要求者，学校发给第二专业或第二学位证书。申请辅修其他专业及修读第二专业、双学位应按照规定交纳相应的学费。

7. 对违反国家招生规定入学者，学校不发给学历证书、学位证书；已发的学历证书、学位证书，学校将予以追回，并报送省教育厅宣布证书无效。

8. 毕业、结业、肄业证书和学位证书遗失或者损坏，经本人申请，学校核实后，给予出具相应的证明书。证明书与原证书具有同等效力。

二、　修读双学位必读

（一）双学位专业设置

学校所设置的本科专业，均为修读双学位专业。

（二）双学位专业教学基本要求

1. 必须有明确的培养目标、培养方案。

2. 必须保证教学质量，各学院（系）所开设的双学位专业会安排优秀教师担任任课教师。

3. 申请修读双学位在第三学年初进行，修读合格者与主修学位专业同时获得学位。

（三）双学位专业的修读条件

学生在校期间只能修读一个双学位专业，非医学专业学生不得修读医学专业学位。

具备下列条件的本科生，可申请修读双学位专业。

1. 思想品质好，模范遵守校规校纪。

2. 保证完成主修学位专业课程。

3. 主修学位专业前二年的平均成绩在 70 分以上。

4. 按时交纳主修学位专业和辅修双学位专业学费。

（四）修读双学位专业学生的报名审批程序

1. 在规定的时间内，申请修读双学位的学生，到主办学院领取并填写“佳木斯大学修读双学位专业申报表”，由学生所在学院和双学位专业主办学院进行修读资格初审，合格后，由主办学院统一报至教务处，经教务处审核批准后，学生方可修读。

2. 教务处根据学生报名情况，按照条件录取，并通知双学位专业主办学院。

（五）注册与收费

1. 被录取的学生，由教务处办理学籍注册。

2. 修读双学位专业学费收取标准，理、工、医、艺术类专业每学年 2500 元，其他专业每学年 2000 元。

3. 中途退出修读双学位者，不退学费。

（六）修读双学位专业学生学籍管理

1. 修读双学位专业的学籍管理由教务处负责。

2. 修读双学位的学生，必须按照双学位专业培养方案要求修读全部学位课程。

3. 双学位专业学生的成绩，不影响其主修学位专业成绩。

4. 在修读双学位课程中，有与主修学位相同的课程（含实践环节），学时等于或低于主修学位课程的可予以免修，以主修学位课程的成绩为准。

5. 学生修完双学位所要求的全部课程，成绩合格，经教务处审核合格后，由学校发给双学位证书，并记入学生个人学籍档案。

三、考试中违纪、作弊的认定及处理

（一）考试违纪的认定

学生在考试过程中，不遵守考场纪律，不服从考试工作人员的安排与要求，有以下行为之一者，属考试违纪。

1. 不持注册考试证参加考试的。

2. 不服从监考教师安排，未在规定的座位参加考试的。

3. 考试开始信号发出前答题或者考试结束信号发出后继续答题的。

4. 在考试过程中，旁窥、交头接耳、互打暗号、互打手势或不经允许互借文具的。

5. 携带规定以外的物品进入考场或者未放在指定位置的。

6. 开考后，发现抽屉内有书籍、笔记、电子字典等与考试内容有关的物品。

7. 未经考试工作人员同意，在考试过程中擅自离开考场的。

8. 将试卷、答卷（含答题卡、答题纸）、草稿纸等考试用纸带出考场的。

9. 用规定以外的笔或者纸答题或者在试卷规定以外的地方书写姓名、考号或者以其他方式在答卷上标记信息的。

10. 在考场或考试机构禁止的范围内，喧哗、吸烟或者实施其他影响考场秩序的行为的。

11. 其他违反考场规则但尚未构成作弊的行为。

（二）考试作弊的认定

学生违背考试公平、公正原则，以不正当手段获得或者试图获得试题答案、考试成绩，有以下行为之一者，应当认定为考试作弊。

1. 在考试过程中翻看书籍、笔记、字典等纸质材料及电子词典（含有存储功能的其他电子设备）的。

2. 开考后，发现考生座位的桌面上或考生身体上写有与考试内容有关的字迹。

3. 开考后，在试卷下或文具盒内夹带有与考试内容有关的纸条等。

4. 抄袭或者协助他人抄袭试题答案等与考试内容相关的资料的。

5. 抢夺、窃取他人试卷、答案或者强迫他人为自己抄袭提供方便的。

6. 在考试过程中使用通讯设备的。

7. 请他人代考或替他人考试的。

8. 故意销毁试卷、答卷或者考试材料的。

9. 在答卷上填写与本人身份不符的姓名、考号等信息的。

10. 雷同卷者。

（三）对考试违规行为的处理程序

1. 考试过程中的违纪、作弊行为以监考人员的当场认定为准，其他人员不得干涉。

2. 监考人员将违规考生的姓名、学号、违纪作弊主要情节在“学生考试违规登记表”中如实记录，并当场向考生宣布其违规行为是违纪还是作弊，同时让考生在“学生考试违规登记表”上签名，考试结束后，监考教师把试卷、考生违规证据及“学生考试违规登记表”一并交考生所在院（系）教科办。

3. 以上记录或反映违纪、作弊情况的材料经院（系）教科办核实后，应立即上报院（系）主管领导。由院（系）主管领导签字，在考试当日报（最迟不超过次日）教务处考务科。

4. 教务处考务科接到报告后，及时将违纪或作弊情况以全校通报的形式予以公布。

（四）对考试违规行为的处理

1. 对于考试违纪学生，除了按照有关规定进行处分外，违纪科目的成绩以0分计。

2. 对于考试作弊学生，除了按照有关规定进行处分外，作弊科目的成绩以0分计，并取消其被授予学士学位的资格。

四、　参加国家等级考试违规情况的处理

为维护国家等级考试的公平、公正和严肃，保障参加国家等级考试人员的合法权益，我校决定对国家等级考试中违规的考生、教职工进行严肃处理。规定如下。

1. 严禁考生将通讯设备带入考场。如有携带者，在考试开始前，需按照监考教师要求放到指定位置，开始考试后，如仍有学生随身携带，则按照考试作弊处理；如监考教师在考前未向学生宣布此项规定，则按照教学差错处理。

2. 在考试中有违纪、作弊行为的考生，除按照学校相关的条例进行处理外，还将取消其报考资格一年（禁考两次）；考试结束后，对于使用了全国或全省特

殊答案的考生（由国家考试中心提供考生名单），其该次考试成绩以0分计，并按照考试作弊处理，取消报考资格一年；取消报考资格两次的考生，在校期间禁止报考国家等级考试。

3. 学生参与替考或被替考，均按照考试作弊处理；如果是外校考生，通知其所在学校。

4. 监考、巡考和管理人员协同学生违规的，视情节轻重，扣发岗位津贴、调离工作岗位、给予行政处分，直至开除公职。

5. 由于监考教师不负责任，造成考场秩序混乱的，视情节轻重按照教学差错或教学事故处理；考场出现严重作弊、造成恶劣影响的，将调离工作岗位，并给予行政处分。

6. 在考场外购买、出售、传送考试答案的学生或教职工，学生按照作弊处理，情节严重者开除学籍；教职工调离工作岗位，情节严重的开除公职。

考试作弊的考生，除有关部门给予记过处分外，按照学校相关规定，取消其学士学位。

对上述违反考试规定，情节严重、构成犯罪的，移交司法机关依法追究刑事责任。

管理问答

——不以规矩，不成方圆

进入大学不得不了解并遵循相应的规章制度，所谓国有国法、家有家规。斯坦福大学教授春木昌彦这样说：“制度作为一种均衡现象，只要别人不忽略它，任何人都不敢不正视它的存在，从而对人们的策略选择造成影响。”正视制度、规划未来是每个新生的策略选择。下面从学籍管理、日常管理、助学管理三个角度来谈谈相关问题。

一、　学籍管理

问题1　入学报到后是否应立刻进行学籍注册？有哪些程序？

新生入学后，学校按照国家招生规定录取的新生，持录取通知书和学校规定的有关证件按期到学校办理入学手续；因故不能按期入学者，应向学校请假并出具有关证明，假期一般不得超过两周。除因不可抗力等正当事由以外，两周无故未报到注册或请假逾期两周的，取消入学资格。学校在三个月内按照招生规定对其进行复查。经复查合格者，予以注册并取得学籍；对复查不合格者，学校视情况予以处理，直至取消入学资格。

每学期开学时，学生必须按时到校办理注册手续；因故不能按期注册者，必须履行请假手续，否则以旷课论。未经准假两周内不注册者，按照自动退学处理。

问题2　如果由于生病或其他特殊原因，需停课休养，可以申请休学吗？之后怎样申请复学？

学生应在学校规定年限内完成学业。在特殊情况下，允许学生分阶段完成学业：本科生3～7年，专科生2～4年。

1. 学生有下列情况之一者，可以休学：

（1）因伤、病经指定医院诊断，须停课治疗、休养时间占一学期学时1/3及以上者；

（2）一学期因病假、事假总计缺课累计超过该学期上课总学时的 1/3 及以上者；

（3）由于特殊原因，学校认为必须休学的。

2. 学生休学一般以一年为期。也可以续休，但累计休学年限不得超过两年。学生休学由本人提出申请，家长同意后签字，经所在学院同意签字盖章，报学生工作处审核。

3. 休学学生办理休学手续离校，学校保留其学籍。学生休学期间不享受在校生待遇。

4. 学生复学按照下列规定办理：

（1）学生休学期满，应于期满后学期末向学校提出复学申请，经学校审查合格后，可以复学；

（2）因伤、病休学的学生，申请复学时，须向学校提交县级以上医院诊断，证明恢复健康，经学校或学校指定医院复查合格后，可以复学；

（3）休学期间有违法乱纪行为者，取消复学资格，予以退学。

问题 3　如果因成绩太差不能完成学业，或者因病无法继续在校学习，可以申请退学吗？需要哪些手续？

可以申请，具体情况如下。

1. 学生有下列情形之一的，予以退学：

（1）在学校规定年限内（含休学）未完成学业的；

（2）休学期满，不办理复学手续的，或申请复学经复查不合格又超过休学年限的；

（3）经学校指定医院诊断，患有疾病或者意外伤残无法继续在校学习的；

（4）未请假离校连续两周没参加学校规定的教育教学活动的；

（5）学生一学期内不及格课程达到 16 学分及以上者，或者各学期不及格课程累计达到 30 学分及以上者；

（6）超过学校规定两周期限未注册而又无正当事由的；

（7）本人申请退学的。

2. 学生本人申请退学的，须由本人提出申请，家长同意后签字，经所在学院同意签字盖章后，报学生工作处审核。

3. 对学生的退学处理，由校长办公会议研究决定。对退学的学生，由学校出具退学决定书并送交本人。

4. 退学的学生应在接到离校通知一周内办理退学手续离校。档案、户口退回其家庭户籍所在地。凡不按照规定离校产生的后果，学校不负任何责任。

二、日常管理

问题 1　怎样办理学生证？学生证有什么功能？

新生入学注册后，学生工作处统一安排各学院组织新生按照要求填写，经审核后，盖学生工作处红章和佳木斯大学钢印，发给学生证。

1. 学生证是学生的身份证明，不得转借他人。丢失或损坏者，由本人填写“学生证补办证明”，经辅导员同意并加盖学院公章，到学生工作部（处）补办。

2. 按照国家规定，学生每年可购买 4 张单程从学校到家庭所在地的半价火车票。新生需要购买学生火车票优惠卡（学生证尾页磁条），将其贴在学生证尾页。购买火车票时出示即可。

按照教育部、铁道部的规定，从 2011 级新生开始，学生火车票优惠卡必须实名办理，即每张优惠卡要关联学生的姓名、家庭住址、乘车区间等基本信息。以便在购买火车票刷卡时，铁道部可以通过教育部提供的学籍信息查询真伪。学生工作处将于新生入学后至月底之前分批次以学院为单位，逐步完成新生信息的录入工作。

学生购票优惠卡的购买和充磁（一年 4 次使用权，如使用完毕或消磁，下一年可充磁继续使用，但最多可充 4 次使用权）工作在学期末放假前，以学院为单位统一进行。

问题 2　办理学生证时，是否可以更改乘车区间？

根据规定，只有从学校到家庭所在地的乘车区间才能享受 4 张单程的半价火车票优惠。如果由于父母工作调动等原因家庭搬迁需更改学生证和火车票优惠卡的乘车区间时，须持家庭迁入地证明信，由辅导员同意并加盖公章后，到学生工作处办理更改事宜。

问题 3　可以在寝室里养宠物吗？

学生寝室内禁止饲养猫、狗、兔等宠物，经教育不改者，予以警告处分。

问题 4　可以在寝室里喝酒、玩扑克、打麻将吗？

学生寝室内禁止饮酒、打架斗殴、玩麻将等赌博活动。休息时间（熄灯时间至起床时间，另含午休时间）不准在走廊和寝室内吹拉弹唱、收看电视，不得打扑克、下棋、玩电子游戏及进行其他娱乐活动。

问题 5　可以在寝室烧水、做饭吗？

学生寝室不得自行拉接电源，不得拆毁照明供电等设施，禁止使用电褥子、电炉子、电热杯、“热得快”等电器，禁止使用酒精炉、蜡烛和点燃明火以及在室内及走廊烹制食品。对违纪者给予警告以上处分。

问题6　如果学生出现违法、违纪、违规行为，学校有哪些惩处措施？

学校尊重学生的权利，维护学生的合法权益。学生有义务遵守学校制定的各项管理制度。学校对学生违法、违纪、违规行为的性质、情节、危害和影响程度等进行审查并认定，在此基础上，对违法、违纪、违规学生做出相应的纪律处分决定。

纪律处分的种类分为警告、严重警告、记过、留校察看和开除学籍。

问题7　受到学校的纪律处分对学生有何影响？

1. 学生受警告以上纪律处分的，在受处分的学期内无权参评奖学金。

2. 学生受记过或留校察看纪律处分的，不授予学士学位，不享受困难补助。

3. 给予留校察看处分的，察看期限为12个月。毕业年级学生给予留校察看处分的，察看期限为6个月。受留校察看处分的学生，在察看期间对错误有深刻认识并表现良好的，可以申请按期解除留校察看处分；有显著进步表现的，可申请提前解除留校察看处分。

4. 受留校察看处分的学生，在留校察看处分解除之前，不准予毕业。

5. 给予开除学籍处分的学生，由学校发给学习证明。学生按照学校规定的期限离校，档案、户口退回其家庭户籍所在地。

6. 对学生做出的纪律处分材料要真实、完整地归入学校文书档案。其中，处分决定书、处分决定书送达回执、处分登记表、学生申诉复查结论等归入学生本人档案。

问题8　如果学生对学校的处分决定有异议，可以申诉吗？

1. 学生对处分决定有异议的，在接到学校处分决定书之日起5个工作日内，可以向学校学生申诉处理委员会提出书面申诉。

2. 学生申诉处理委员会对学生提出的申诉进行复查，并在接到书面申诉之日起15个工作日内做出复查结论并告知申诉人。需要改变原处分决定的，由学生申诉处理委员会提交学校重新研究决定。

3. 学生对学校的复查决定有异议的，在接到复查决定之日起15个工作日内，可以向黑龙江省教育厅提出书面申诉。

4. 从处分决定或者复查决定送交学生、学生家长或其直系亲属之日起，学生在申诉期内未提出申诉的，学校或者黑龙江省教育厅不再受理其提出的申诉。

三、助学管理

问题1　学校有哪些资助家庭经济困难学生的政策体系？

学校已经建立国家奖学金、国家助学金、国家助学贷款（包括校园地国家助学贷款和生源地信用助学贷款）、退役士兵学费资助、学生服义务兵役学费补偿贷款代偿及学费资助、勤工助学等政策体系。家庭经济困难学生考入大学，首先可以通过“绿色通道”按时报到。入学后，学校对家庭经济困难情况进行核实，根据核实情况采取不同措施给予资助。其中，解决学费、住宿费问题，以国家助学贷款为主；解决生活费问题，以国家奖助学金、勤工助学及特殊困难补助等为辅。

问题2　学校是否设有负责家庭经济困难学生资助工作的专门机构？

学校的助学机构是学生处助学贷款科，隶属学生工作部（处），配备专职工作人员负责全校家庭经济困难学生的资助管理工作。助学贷款科的办公地点为一学区A院1号楼（机关楼）2021室，电话为0454－8618168。同时，学校现已建立校院两级家庭经济困难学生资助管理机构，各学院学生工作办公室安排专人担任资助工作负责人，统一负责本学院学生资助管理工作，确保助学工作良性发展。

问题3　新生入学“绿色通道”有何特色？

学校积极贯彻国家“绿色通道”入学政策，确保被录取新生不因家庭经济困难而辍学。新生报到前，重点掌握生源地为本年来遭受严重自然灾害地区学生的家庭受灾情况，有针对性地提前做好新生入学“绿色通道”预案。在新生报到现场设立醒目的“绿色通道”指示标志，明确专人负责，建立“绿色通道”责任制，校学生处、财务处、教务处、招生处、后勤、学生生活服务中心、保卫处等有关部门和各学院密切配合，规范程序、简化手续，家庭经济困难学生在学校的“绿色通道”填写缓交学费的申请后就可直接入学。入学后，学生可以通过申请国家的奖（助）学金、勤工俭学等，解决部分生活费问题，所欠的学费，可在入学后，通过申请国家助学贷款、奖助学金等方式支付。对于特别特殊困难的学生，学校给予临时困难补助1000～2000元不等。使家庭经济困难的学生都能通过“绿色通道”顺利入学。

问题4　家庭经济困难学生的认定标准如何？

我校根据国家和省资助工作相关文件要求，制定了《佳木斯大学家庭经济困难学生认定办法》。对家庭经济困难学生实行校、院两级管理，评定工作自下而上。具体如下：

家庭经济困难学生认定标准分为一般困难、困难和特殊困难三个档次。家庭经济困难学生认定工作是学生根据本人的困难程度提出申请后，再由学校逐级进行审核认定，按困难程度由高到低排序，确定出困难等级。符合下列条件之一者，在认定家庭经济困难学生时将着重考虑：孤儿、烈士子女、无收入、重病户、低保户、双下岗、纯农户、低收入和其他无经济来源支持正常学习的学生。

问题5　家庭经济困难学生的认定机构组成如何？

学校成立了以主管学生工作副书记为组长、相关部处领导为成员的家庭经济困难学生认定工作领导小组，全面组织领导本校家庭经济困难学生的认定工作，学校学生处具体负责组织实施家庭经济困难学生认定工作。

各学院成立以分管学生工作领导为组长，学生工作办公室主任、辅导员担任成员的认定工作组，负责认定的具体组织和审核工作。

以班级为单位，成立以辅导员任组长，班主任、学生代表担任成员的家庭经济困难学生认定评议小组，负责家庭经济困难学生认定的民主评议工作。学生代表应包括班委会成员、团支部成员、寝室长、普通学生代表等，具有广泛的代表性，普通学生代表应不少于班级总人数的10%。名单应在班级范围内公示。

问题6　家庭经济困难学生的认定程序如何？

家庭经济困难学生认定工作每学年初进行一次。每年暑期，需要申请认定家庭经济困难的新生及在校学生要根据个人情况如实填写“佳木斯大学学生及家庭情况调查表”，并持该表到家庭所在地村委会或居委会、乡（镇）政府或街道办事处、县（区、市）民政局加盖公章，以证明其家庭经济状况。每年9月份，学生处布置启动全校家庭经济困难学生认定工作。

班级认定评议小组根据学生提交的材料召开以班级或年级为单位的家庭经济困难学生认定会议，采取民主投票的方式进行评议，认定为家庭经济困难学生的票数应不少于总人数的三分之二，报学院认定工作组进行审核。学院认定工作组审核通过后，要将家庭经济困难学生名单及档次，在学院（直属系）范围内公示5个工作日，并公布学校和学院二级举报电话。学生处负责审核各学院审核通过的“佳木斯大学家庭经济困难学生认定申请审批表”和“佳木斯大学学生及家庭情况调查表”，报学校学生工作领导小组审批。

问题7　学校是否可以办理校园地国家助学贷款？

可以。哈尔滨银行现为我校国家助学贷款经办银行，负责管理国家助学贷款的审批、发放和回收等项工作。每人每学年最多可贷款5000元，包括学费和住宿费两部分。学费和住宿费之和大于或者等于5000元，每人每学年可以贷款5000元；学费和住宿费之和小于5000元，按二者实际之和办理。

学校组织哈尔滨银行审批通过的借款学生与银行签订借款合同、借据。国家助学贷款实行一次申请、一次审批、分学年发放的方式。

问题8　如何申请校园地国家助学贷款，应符合什么条件？

具有合法居民身份证及学生证或入学通知书；需提供两名见证人对借款人身份证明；年满18周岁，且具有完全民事行为能力（年龄未满18周岁的应取得法定监护人书面同意）；品德优良，诚实守信，遵守纪律，无违法违纪行为；学习成绩较好，能够正常完成学业；借款人符合国家助学贷款经济困难标准；严格遵守哈尔滨银行以及国家助学贷款有关文件的各项规定，承诺正确使用贷款并按规定履行还贷义务。

有下列情况之一的学生不允许申请贷款：有违法违纪行为，受过处分或处罚；学习成绩差，无法正常完成学业；由于非疾病等原因降级；其他不符合国家助学贷款有关政策办法规定的情况。

问题9　申请国家助学贷款，需要哪些材料？

国家助学贷款申请书；本人学生证和居民身份证复印件（未成年人需提供法定监护人的有效身份证明和书面同意借款证明）；本人对家庭经济困难情况的说明；乡镇（街道办事处）民政部门、县级教育行政部门对其家庭经济困难的证明材料。

问题10　国家助学贷款的期限、利率如何，是否有国家贴息？还款违约有何不良后果？

国家助学贷款期限最长不超过借款学生毕业后6年。国家助学贷款利率按照中国人民银行公布的法定贷款利率和国家有关利率政策执行，不上浮，不计复利。提前还贷的，经办银行应按贷款实际期限计算利息，不加收除应付利息之外的其他任何费用。国家助学贷款贴息实行贷款学生在校期间的贷款利息全部由财政贴息，毕业后全部自付的办法。借款学生领取毕业证后次月1日起自行全额负担国家助学贷款利息。

借款学生在贷款期间可以提前部分或全部还款，对没有按照协议约定的期限、数额归还国家助学贷款的学生，经办银行对违约金额计收罚息，并载入金融机构诚信系统，并不再为其办理新的贷款及其他授信服务。经办银行及学校定期在公开报刊及有关信息系统上公布助学贷款违约学生姓名、身份证号码及违约行为；依法追究违约借款学生的法律责任。

问题11　助学贷款学生发生休学、转学、退学等学籍变动情况时，国家助学贷款如何处理？

借款学生发生转学、休学、退学、出国、开除、失踪、伤亡等情况，各学院（系）将及时上报学生处并通知哈尔滨银行。哈尔滨银行有权按合同约定采取停止发放尚未使用的贷款、提前收回贷款本息等措施。

问题 12　什么是国家奖学金、国家励志奖学金、国家助学金？如何申请？

国家奖学金由中央政府出资设立，用于奖励我校全日制本专科二年级以上（含二年级）学生中特别优秀的学生。国家奖学金每年每人 8000 元。

国家励志奖学金用于奖励、资助我校全日制本专科（含第二学士学位）二年级以上（含二年级）学生中品学兼优的家庭经济困难学生。每人每学年 5000 元。

国家助学金资助对象为我校全日制本专科在校生中的家庭经济困难学生，国家助学金分三个等级，一等助学金标准为每生每年 4000 元，二等助学金标准为每生每年 3000 元，三等助学金标准为每生每年 2000 元。

评选时间为每年的 10 月份左右，具体时间根据上级教育主管部门的通知确定。

问题 13　学校是否设有优秀学生奖学金？

学校设有一等、二等、三等、单项奖学金，每学期评选一次。一等奖学金获奖比例为在校生人数的 5%，奖学金金额为 1000 元，并授予“优秀学生”称号；二等奖学金获奖比例为在校生人数的 10%，奖学金金额为 500 元，并授予“优秀学生”称号；三等奖学金（含优秀学生干部）获奖比例为在校生人数的 20%，奖学金金额为 260 元；单项奖学金获奖比例为在校生人数的 20%，奖学金金额为 100 元。学校优秀学生奖学金的评选时间为每学期开学初。

最后，我们期待新生进入新家之日起，模范遵守各项规章制度，以优异成绩报答父母、回报社会、感恩佳大。

新生秘笈

——十二道“兵线”，七种“武器”

认真用好成长平台，着意打磨青春时光，用心咀嚼大学滋味，是新家提供给你的法宝。不仅要理解它，而且要在4年的“家庭生活”中使用它。

一、十二道“兵线”

（一）思想引领工程

青年承载着祖国的未来与希望，青年肩负着建设社会主义现代化的历史重任。我们始终把对团员青年的理论教育作为思想引领的龙头，每年举办团校培训班，以团校为依托，开展主题鲜明、内容丰富、形式新颖的培训课程，以社会主义核心价值观为核心，开展“我与祖国共奋进”“劳动·创造·奋斗”青年典型励志教育报告会，举办“团史我来讲”“和谐社会与青年发展”主题征文、研讨、宣讲等主题教育实践活动，组织学生观看爱国主义影片，举办“难忘的岁月·辉煌的成就”演讲比赛、“党在我心中”征文比赛、“党的光辉”书画摄影作品展、党史知识竞赛、广场大型红歌会等，活动覆盖面广，坚定了青年学生跟党走中国特色社会主义道路的理想信念。

（二）基层组织建设年

基层组织是直接面对青年团员的最基层战斗堡垒，这是一项长期性的工作。开展“基层组织建设年”活动，是佳木斯大学巩固以往团的基层组织建设成果、大力实施基层团组织活力工程的重要举措，为加强基层组织建设提出了更高的目标，扎扎实实做好基层组织建设年各项工作，完善指标，量化细则。以寝室为单位创建团小组，强化了学生寝室阵地意识，发挥了寝室育人功能。切实做好了制度建设和园地建设，积极开展各种灵活多样、富有特色的团小组活动，让团小组建设成为思想教育工作的切入点和载体。开展“团建十强”“我的支部我的团风采大赛”“我的青春，我的团”团建工作研讨会，“唱响校歌名扬佳大”团支部校歌擂台赛等活动，每一项活动都有其独特之处，每一次参与你都将收获意想不到的惊喜，等待正值青春的你们去书写、去挥洒，增强团组织的凝聚力和战斗力，不断创新和丰富工作载体。

（三）“四节”——文化艺术节、青春风尚节、读书节、新生节

校园文化活动是学生思想政治教育中最容易被接受的载体，对学生具有强烈的吸引力和感染力。良好的校园环境通过陶冶、熏陶、凝聚等内在力量，给学生成长提供优良的土壤，将学生的兴趣和爱好集中于学校内部，集中于自我全面成才的追求与奋斗中。丰富多彩的校园文化活动形式吸引广大青年学生自觉自愿参加，它像一种无形的模具，引导着人才的塑造。校园文化在培养学生综合素质中的位置就是给每一个学生提供各种机会补充和锻炼自己，不失时机地展示自己的潜能和风采，使其发挥独特的作用，从而开发学生的潜能，激发学生的创造性，使之成为具有创新能力的合格人才。“四节”的内容和形式及其所形成的特有的校园文化氛围，都蕴含着教育意义，影响着学生的发展方向，特别是影响学生的价值取向和人生观、世界观的建立，达到培养学生的综合素质、增强学生的合作精神、引导学生拼搏向上的品质和激发学生创新意识的目的。知识竞技场上的聪明睿智，篮球赛场上的奋力拼搏，楚河、汉界间的争夺厮杀，黑白道间的运筹帷幄，与整洁温馨的寝室，优美典雅的舞姿，美妙动听的歌声，美与韵的书画，键盘上的美妙音符，流利自如的外语，五彩斑斓的才艺汇成了时而小桥落花、时而高山流水、时而低沉委婉、时而高亢雄健的交响曲，共同唱响着文化艺术节的主旋律。

（四）“两会”——学生会、学生社团联合会

在大学校园里，学生组织不仅仅是一条维系老师与同学们之间的纽带，它更象征着理想、青春、拼搏与活力。一个学生组织就是一个成长的摇篮，一项活动就是一次锻炼的机会。在这里能看到青春的激昂、智慧的灵动、汗水的挥洒。选择了这个有激情的集体，也就选择了以卓越描绘青春，更是选择了日益接近梦想的成长机会。

毋庸置疑，鲜花需要培植，美好需要创造，成功需要付出辛劳。佳木斯大学是培养人才的摇篮和沃土。学生会、学生社团联合会是大学校园里一部分人梦开始的地方。如果你们真的能够成蝶，那么学生会、学生社团联合会就是让你们破茧的地方。

有竞争，也有失落，甚至有淘汰。于是，在大学里更需要我们正确地认识，积极主动地适应，游刃有余地驾驭和全身心地投入到学习、生活及工作中。当你跨进这座美丽的校园，实际上你就已经是我们学生会、学生社团联合会大家庭的一员了。在这个大家庭里，也许会有忙碌工作之后的汗水，也许会有面对困难之前的挫折；但更多的是在这里挥洒你的激情，施展你的才智，锤炼你的意志，实

现你的梦想。新的面孔，新的价值观念和标准，新的生活方式，需要你用理性的目光和胆识、用辛勤的劳动和汗水，去实现你走向人生成功与辉煌的新的目标。

学生会、学生社团联合会这个大家庭，为你提供了良好的工作环境和全新的发展机会，你将会认识更多的事物，掌握更多的知识，更自由地尽情发挥你的兴趣爱好和特长。学生会、学生社团联合会是所有同学的家园。这个大家庭里的每一个成员，一直都在努力地营造一个丰富多彩、积极向上的校园氛围。这里的笑容比较长久，这里的工作充满热情，这里是你梦想开始的地方。

（五）大学生科技创新活动

科技创新是原创性科学研究和技术创新的总称，是指创造和应用新知识、新技术、新工艺，采用新的生产方式和经营管理模式，开发新产品，提高产品质量，提供新服务的过程。

近年来，佳木斯大学领导高度重视青年学生创新能力的培训和综合素质的提高，按照“搭建平台、典型引路、积极引导、重在普及”的思路，体现“强基础、重能力、抓创新”的原则，建立并完善了学生科技创新工作机制，积极探索创新人才培养模式，采取多种有效措施，促进了学生科技创新活动蓬勃开展，科技创新成果逐步显现，科技创新品牌建设初见端倪，初步形成了具有佳木斯大学特色的“低年级重普及、高年级重提高”的学生科技创新工作新格局。

佳木斯大学现有学生科技创新基地 19 个，依托大学生科技创新基地，2012 年累计开展了 30 余项丰富多彩的校园科技活动，组建各种科技活动小组 20 个，邀请校内外专家、学者和优秀学生为学生开展学术科技讲座百余次。全年累计参加校级以上各级各类科技竞赛 134 项 430 人次，获奖 92 项。其中，国家级获奖 16 项。全校共申报大学生科技创新项目立项 225 项。学校举办第五届大学生科技创新大赛，共有 85 件作品获奖。学校下拨专项经费奖励在国家、省、校各级各类科技创新竞赛中获奖及获批大学生科技创新立项的学生和指导教师。

大学本来就是一个师生之间进行学术探讨、学术研究与学术争鸣的园地。对于学生而言，参加大学生科技创新活动，挑战自己的科研水平与创新能力，不仅有助于从实践型学生向研究型学生的转变，还将为日后讲行自主创业打下一个坚实而有力的基础。

（六）志愿服务、社会实践

作为当代青年，大学生应该积极投身到志愿服务中去，争当志愿者，用自己的爱心和责任心去服务他人、服务社会。“志愿服务”不仅应该成为大学生活的一部分，还应作为一种理念融入大学生思想深处。佳木斯大学现有“保护母亲河”行动、学雷锋活动、关爱农民工子女和空巢老人、“阳光献血”活动、赛会志愿者服务等品牌志愿服务活动。

社会实践作为一种将理论深入现实的有效途径，也日益受到教师及同学的广泛重视和积极参与。每到寒暑假期时，佳木斯大学都组织开展社会实践活动，以促进广大学生更好地了解、参与社会。佳木斯大学现有“三下乡”“西部计划”“四进社区”等品牌社会实践活动。实践体验发展，青春无悔奉献。用理论引导实践，通过实践来升华对理论的认识。相信，大学生会在丰富多彩的社会实践活动中，找到自我价值，并实现美好的青春理想。

（七）“青马”工程——骨干班

在理论中升华，在实践中创新，“青马”工程是广大同学张扬青春、绽放梦想的重要文化载体。这不仅是校际精英交流的平台，还是各学院学生展示自我、彼此学习的有利契机。作为“青年马克思主义培养工程”的重点项目和实践途径，开展“佳木斯大学英才培养计划”，成立佳木斯大学青年理论研习社，举办学生骨干第一期培训班，组建“佳木斯大学学生宣讲团”，为大学生提供一个与志同道合者共话天下大事、与专家和学者共沐科学春风的有效平台。这里是知识进步、思想成熟的海洋，这里是拥有崇高理想和突出能力的殿堂，这里是明确目标、分析时事的舞台，这里是践行科学发展观、解读十八大的课堂。选派优秀的学生干部深入到各团支部，在理论学习、创先争优、社会实践、志愿活动等方面进行引导，在这里享受快乐、分享喜悦。

（八）典型引导示范工程

以先进为榜样，通过创建来升华对组织建设的认识和理解，充分发挥基层团委、团支部的战斗堡垒作用，深化创建“五四红旗团委”“标准化团支部”活动，加强基层团组织建设。典型引路，榜样示范，自合校之初进行了首届“十佳青年”评选，之后陆续开展了“十佳大学生”“十佳科技标兵”“十佳学习标兵”“自强之星”等多项创优争先活动，在全校形成了争做模范的良好风气。

（九）新媒体工作平台

当今社会已经步入了新媒体时代，各类大众传播媒介已经成为大学校园生活中获得信息的重要途径。大学生思想敏捷、眼界开阔、求新求异、富有朝气，追求自我价值的实现，而现代传媒的交互性和创新性为大学生提供了与世界同步发展和充分展示个人才能的空间，为大学生的成长成才开辟了一条全新的道路。

佳木斯大学团委也主动适应网络时代青年学生的需要，主动出击，改版了团委网站，创建了佳大团委工作交流 QQ 群和佳大学生会工作 QQ 群，并开通了佳木斯大学团委腾讯官方微博，各学院团委、学生组织、团支部也相应开通了腾讯微博。在这里，大学生可以关注校园动态，掌握前沿资讯；在这里，大学生可以走出校园，感知世界；在这里，大学生可以畅谈心语，传递友情；在这里，大学生可以展示风采，凝聚力量。

（十）佳木斯大学校园广播站

校园广播站是佳木斯大学的优秀学生社团组织，是校内唯一的校级有声传媒。自成立以来，作为一个引导校园舆论方向，宣传上级政策、服务校园文化生活的机构，它不断地充实壮大，在学校发挥着日益重大的作用。不但使学校的有关政策得到了及时有效的传达，而且为学校的教育教学活动提供了方便，同时也充实了学生的业余生活，锻炼了学生的综合能力，已经成为佳木斯大学主要的宣传机构和学生实践基地。

校园广播站全体工作人员秉承“团结、奉献、严谨、活跃”的办站理念，严守“宣传大政方针、传播校园信息、促进文明建设、活跃校园文化”的办站宗旨，本着“校园人办校园节目”的创作准则，高扬时代主旋律，锐意进取、不断创新，创办了一系列贴近大学生活、契合校园实际的节目，内容涵盖英语、就业、考研、文学、音乐、网络、社团、生活、心理、法律等诸多方面。校园广播各栏目内容已成为广大同学校园生活中不可缺少的良师益友，在这里，大学生不仅可以获取新鲜有趣的校园资讯，聆听时尚动感的美妙音乐，还可以在生动而又励志的人物访谈中收获成长。

校园广播，校园生活中亮丽动人的风景线；校园广播，象牙塔下展示自我的大舞台。青春在这里激荡，梦想在这里飞扬。

（十一）“青年讲坛”

学校把对青年学生的理论教育作为思想引领的龙头，以“青年讲坛”为依托，开展主题鲜明、内容丰富、形式新颖的各类讲座百余次，讲座内容均紧扣时代脉搏，解读社会热点，探索前沿科学，探讨青年关心的热点问题，注重对专业技能知识和人文领域相关知识的传播，是实施“青马”工程的有效途径。在这里，你将成为一个侃侃而谈的演讲者，敞开心扉、畅所欲言。十余分钟的讲话将凝结着两年来团学工作的点滴，智慧的深度、思想的节奏、文字的力量、语言的律动、个人的魅力都将在那一刻得到完美的展现。如果你有幸最终成为台上的一员，那么身后强大的集体便是你角色定位的依托，日积月累的工作战绩便是你演讲时不竭的底气，而台下同学钦佩的目光则是你自信的源泉。记住，这方平台会让你青春岁月里那抹最美的笑容得以印刻，这方平台会让你成长年华中最坚定的眼神得以铭记，这方平台将承载着你们青春的无限激情与成长的鲜活睿智。更为重要的是，请相信，这里终将属于你、塑造你、成就你。

（十二）高雅艺术进校园

“高雅艺术进校园”活动不仅是接受世界经典文化和优秀传统文化的有效平台，也是增加学生舞台艺术实践的宝贵机会和增加校际交流沟通的友谊桥梁。佳木斯大学先后邀请了上海音乐学院石林教授、中央音乐学院杨树教授等知名专家来校讲学并举办专场音乐会，同时学校每年举办新年音乐会、毕业音乐会、文艺汇演、艺术展演等演出。“高雅艺术进校园”活动使优秀民族文化艺术得到了进一步传承与弘扬，人类先进文化成果得到进一步传播和吸纳。在这里，你的审美情趣、艺术修养和文化素质会得到进一步提高，这对你塑造人格美、培养才能美、铸造行为美、促进全面发展，将产生深远而重要的意义。

二、 七种“武器”

大学生不能甘于平庸，要胸怀伟大的抱负和崇高的追求，并用实际行动去践行自己的理想信念。在四年的大学生活中，找到属于自己克敌制胜的“武器”，直指目标，果敢行动，终有一天你会收获成功的喜悦。

武器1：强壮的身体

拥有强壮的身体，便拥有了创造未来的希望；而失去了强壮的身体，便失去了一切。如今，大学生的身体状况普遍令人担忧。饮食不规律、有氧运动缺乏、熬夜现象严重等，这些不良的生活习惯成为大学生强健体魄的绊脚石，从而阻碍其自身的长远发展。因此，对于大学生而言，要通过健康的生活方式来提升自己的身体素质。记住，在践行理想的征程中，用强健的体魄为你的人生护航，这样你才能笑到最后。

武器2：高尚的品质

追溯至古代，许多仁人志士将心灵的纯善与精神的高洁奉为人性至宝，并赞叹“富贵不能淫，贫贱不能移，威武不能屈”的士人风骨。而如今，对于当代青年来说，高尚品质的回归显得越发重要。因此，将恬静平和的心态融入生活之中，淡然却不简单，高洁而不媚俗，便是大学生在大学里亟须培养的为人处世之道。高尚的品质往往是实践的结果，而非天性使然。这就要求大学生在点滴生活中，养成良好的道德习惯，努力学习模范人物身上的优秀品质，并利用课余时间加强道德实践。在未来成长、成才、成功的道路上，希望大学生能够始终保有“一片冰心”，并“一腔坦荡”，将纯真的自我和美好的品质尽情地展现在大众面前。

武器3：优异的成绩

优异的成绩是大学里的王牌武器。在大学这座知识的象牙塔里，大学生将面临太多的诱惑。而少了家长和老师的叮嘱，大学生便很容易随波逐流，过上自由散漫、毫无目标的生活。殊不知，优异的成绩不仅对于立志考研的同学来说尤为重要，还是大学生日后找到理想工作的“敲门砖”。虽然成绩的好坏并不能决定一个人的未来，但不得不说，它是一个很不错的、预测未来成功的重要变量。大学可以说是大学生最后一次较为系统和严谨地学习知识的园地，因此学习仍然是大学生活的重中之重。在周遭高喊“60分万岁”的浮躁氛围中，你若仍然坚定不移地保持对知识的渴求，并取得优异的成绩，便可以成为人人称羡的“学霸”。而当这一武器被你运用得游刃有余的时候，广阔天地便纵有一隅任你驰骋。

武器4：独立的意识

游走象牙塔，大学生必须培养自己的独立意识，不被别人的言论所左右，不被眼前的利益所影响，不被情感所控制，不被权威所驾驭，在纷繁复杂的环境中能够独立准确地作出自己的判断，从而将成熟与勇敢挥洒于青春的旗帜之上。培养独立意识，须将独立的思想融入脑海，将迷茫的愁绪抛在脑后。来到大学校园，意味着你要从身体、思想及情感等多方面学习独立，培养自己独特的思维体系，用实力证明自己的价值所在。因此，独立意识不仅可以让你在学术道路上提高判断能力和创新水平，还可以帮助你在通往梦想的道路上盎然成长。

武器5：崇高的追求

对于刚入学的大学生来说，崇高的追求如同黑夜里的一盏明灯，将指引你们穿越短暂的迷茫与不安，在四年的生活中，有所期待并有所收获。作为当代青年，大学生身上肩负着时代所赋予的重大使命。因此，大学生不能甘于平庸，要胸怀伟大的抱负和崇高的追求，并用实际行动去践行自己的理想信念。

武器6：美好的情感

美好的情感，虽然不是最犀利的武器，却也是最懂人心的武器。人世间的情感有许多种，诸如喜、怒、哀、乐，而美好的情感在人的成长过程中可以起到荡涤心灵的作用，还有助于完美人格的塑造。踏入大学生活，有太多的情感等待滋生，有太多的美好值得珍藏。师生之情、同学之谊，这些都将成为你大学四年的宝贵财富；而校内的每一棵树、图书馆的每一本书，都将幻化为你们记忆中一道亮丽的风景。所以，能始终保持一颗温暖且善良的心灵，用真心交换真心，让纷繁美丽的情感彼此套牢，滋长回忆，将使你们在大学战场上保有一件最温柔的武器。

武器7：健康的心理

对于初入大学校园的大学生而言，健康的心理无疑是在经历成长和追逐理想过程中的一门必修课。心态决定未来，再艰苦的人生都可以创造出令人艳羡的奇迹。当你们走入现实的绝境，抑或陷入痛苦与迷惘中无法自拔时，不要对生活束手就擒，要保持理性的思考和积极乐观的心态，握紧拳头，用力搏击，它将成为你最后的武器。

三、 20条微博“秘语”

1. 无论是美梦还是噩梦，都在拉开窗帘的那一刻被贪婪的阳光带走；无论是快乐还是忧伤，都在走进大学的那一刻被青春的魔力幻化。最终一定是你的勤奋和智慧，把七彩阳光洒满青春的锦缎，开始傲立万人中央，翩然起舞。

2. 大学里最有意思的事，就是去其他学院“偷师”。我曾经为一个中文系高年级的学生在我们的一节量子力学课上做专注状感到可笑。可现在我发现，撇开具体知识的学习，也许更能体会大学文化的气质。大师虽非我师，我却曾经旁侧。做高品质文化的粉丝，其乐无穷！

3. 青春的智慧如果只停留在对海量信息的搜索、复制、粘贴、转发的层次上，未免有点浪费，至少应该在编辑的过程中链接一点自己的思考吧，哪怕这份思考并不成熟，但却能说明你的网络行为并非盲目，并非人云亦云，而是有所关注，有所指向。要知道，每个小我是否认真思考，决定着最终掀起的是浊浪还是铁流。

4. 恨不得每天每一个手指头都能去做一件事，世界实在是太美、太丰富了。无论雅俗，我总觉得自己的参与会让许多事情变得不同，而那正是我的快乐所在。每当我经历了一场惊心动魄或者“歌舞升平”，都要发自内心地说一声“嘿！我在！”

5. 只有在黑暗中足够耐心、足够专注，才能攫取到太阳最为吝啬的第一缕光芒，从而使自己的心情手舞足蹈起来。

6. 真正欣赏你的人，最愿意看到你特立独行的性格和标新立异的风范，而不是你忤逆自己的内心，为那些世俗的挑衅做出的谄媚和逢迎。成熟是生存的需要，但与之上的快乐无关。

7. 大学校园里，师生之间如果彼此没有平等对视的心态，缺乏真诚交流的热情，缺少良性互动的平台，师者常摆为人之姿，学者每逞玩世之态，那么大学文化建设就丧失了起码的根基。

8. 如果你也认为我们的演出是一件很有意义的好事，那就不用紧张，更不要互相埋怨，尽力去做好自己就行了，难道你害怕做一点好事吗？既然站上了舞台，就要拿出你的真实本领，让我们看到你的勤奋和用心。无论你的表演有多糟，都胜过敷衍了事和临阵溃逃，因为你原本就是来学习的。

9. 放松的时候你可以是一头猪，但紧张的时候你必须是一匹狼！记住，对应该放松还是紧张的判断，靠的不是猪的思维，而是狼的视野。

10. 年轻在承受这世态浇漓的同时，总要保留一点诗梦的色彩才好。纵然最终梦碎诗残，可那一抹绚烂照亮的，才是最真实的自己。

11. 不完全放任眼前的悲伤和快乐，是因为你还深爱着你自己的未来。

12. 我们用心打理的生活，每一天都有文艺作品无法演绎的精彩。即便是痴人说梦时的忧伤和傻笑，也如花似玉，真实动人。

13. 最折磨人的，不是疼痛，而是不知道为什么疼痛，或者明知道为什么疼痛也不想告诉大夫，宁愿在一种类似绝望的情绪中幻想着自愈。

14. 不是所有的努力都能有一个期望的结果。比如，你或许能改变胖瘦，却改变不了高矮。那么，为什么还要努力呢？我想……应该是为了让自己矮得玲珑一点吧。

15. 阅读“三沉”，即沉醉、沉迷、沉溺。沉醉之时，手把书卷，眼波流转，面泛潮红，大声呼其名，则唯唯诺诺，憨态可掬；沉迷之时，恍如石化，茶饭不思，旁若无人，大声呼其名，则茫然四顾，神情诡异；沉溺之时，独向一隅，闭关落锁，万念俱灰，大声呼其名，则充耳不闻，物我两忘。

16. 如果想对自己的专业有个起码的认识，如果想在新的集体中找到自己的位置，如果想给自己的大学一个不后悔的开始，如果确实想抓住本该属于你的机会，如果真的很在意那个想象中的未来，那么很简单，咬紧牙关，全情投入，让自己的大一成绩名列前茅。

17. 无论如何，雷锋精神曾经强有力地在百废待兴的中国社会形成了一种温暖的社会风尚。即便在今天，它所提倡的家园情怀、诚信品质、奉献意识、拼搏精神等都是现代社会文化建设的重要组成部分。比较之下，打着“还原真相”的幌子怀疑一切甚至刨根问底儿的态度和行为显得意义不大。所以，雷锋精神，我坚决顶！

18. 追星的境界，是形散而神不散；追梦的境界，是风动而心不动。想一想，其实每个青春都曾有自己仰望的星宿，就像每个人生都曾把如梦的衣裳披上肩膀。

19. 认真地把一件有意义的事情做完，即便是微不足道的小事，也能让你摸到自己的精神。

20. 如果不敢死皮赖脸地纠缠学术，不敢班门弄斧地对话名师，不敢无所顾忌地放飞思想，不敢破马长枪地面对挑战，不敢淋漓尽致地释放情怀……你怎么还敢身在大学？

四、　大学期间应做的二十件事

1. 多结交德才兼备的师长，会对你的人生有指导意义，多多的良师益友会令你的生命更精彩。

2. 养成一种良好的兴趣和爱好，这会陶冶你的情操，令你的生活丰富多彩，让你的人生与众不同。

3. 将自己平时的花销依次剥掉三分之一、二分之一、三分之二，看看自己是否依然活得很好，从而增强自己的理财、用钱能力。

4. 参加几次明知自己不胜任（或没有把握胜任）的活动，活动前积极准备，通过结果测试一下自己的可塑性和判断力。

5. 在四年内，尽可能地考取一些技术等级证书（如英语四、六级考试，计算机等级考试等），这是能力的证明，也是就业的最有力武器。

6. 确定一个长远目标，然后围绕它做近期计划，不断努力实施。

7. 利用假期时间，自己联系打工，了解社会的复杂，体验挣钱的辛苦。

8. 与你认为值得信赖又有见地的老师交朋友，把你的感情、迷茫、失落和在追求中遇到的失败告诉他们，让他们为你指点迷津。

9. 多结交几个朋友，朋友多了路好走。朋友是一面镜子，是第二个自我。

10. 学好专业知识，同时再广泛涉猎其他专业知识，未来需要一专多能的人才。

11. 以一等奖学金为目标，拼命学习一段时间，从结果中了解自己的能力、实力、潜力。

12. 读几部古今中外名著，一方面“腹有诗书气自华”，提高自己的修养、气质；另一方面，可形成正确的人生观和价值观。

13. 学会电脑的基本操作，能够网上漫游，这是未来的生存本领和“观察未来的眼睛”。

14. 在某段时期背一本汉语、英语小字典，磨炼自己的毅力，培养不达目的不罢休的精神。

15. 常做些善事（如救助一名贫困生），培养自己的爱心，力求养成习惯。这种习惯使人终生受益。

16. 到人多的地方捡点零碎，感受一下周围人的目光、自己的心情，激发自己不甘人下的斗志。

17. 争取在某一段时间内能当一个学生干部，锻炼自己的组织管理能力和果断处理突发事件的能力。

18. 经常和反对你意见的同学聊天，认识真正的自我，完善充实自我。

19. 多参加一些社团活动，和同学打成一片，提高语言表达能力和社交能力。

20. 经常去野外观光，学会休闲，享受生活的美好，感受生命的快乐。

砥砺青春

大学对于每个人来说都是一生最浪漫的所在、最难忘的记忆和最珍贵的财富，而青春恰恰绽放在这人生最美的时光。砥砺青春就是让梦想更有力量。祝贺学弟学妹通过自己的努力顺利进入佳木斯大学，开始自己崭新的求学之路，感谢上苍让我们有缘成为彼此挂念的家人。

在这个大家庭里，你会接触到许多优秀的哥哥、姐姐，他们无一例外地用自己的才情和智慧书写着属于青春的华美篇章，他们用激情和梦想成为备受瞩目和期许的焦点，他们成为最勇敢的追梦者。他们中的一些人或者成为学生领袖，服务于同学的所需所急；或者作为文艺骨干，活跃在校园文化的每一个舞台；或者是一名志愿者，忙碌于每次活动或赛事的场上场下；或者成为自强之星，鼓舞万千同龄人成长成才……他们站在各自人生舞台的中央，是怎样华丽的转身，是怎样自信而淡然的微笑，是怎样坚忍不拔的努力，是怎样坚定无畏的追梦脚步，让他们有机会给青春、给大学生活画上一个完美的句点。

其实，在这个温暖的大家庭里，我们每个人最重要的是要融入其中，并找到自己的位置，为自己确定一个崭新的起点。此时，你可能会放松对自己的要求，认为经过 12 年的寒窗苦读，迈入大学校门就意味着无拘无束、随心所欲了。自由驰骋、天马行空的只能是意识和思想，而大学正是人格完善、学业精进和理想确立的时期。所以，放松精神不够，还想放松脚步吗？你可能会质疑公正的精神，你的同学来自五湖四海，同学中不都是“高富帅”或者“白富美”，但“官二代”“富二代”却也比比皆是，你感叹起点不公平、资源不平衡，觉得他们都是带着背景的人。其实，背景就是人生舞台的后幕，虽然无论是耀眼的华丽还是低调的奢华会让你的出场与众不同、备受瞩目，但是在人生的舞台上，你演绎了什么，才是能赢得掌声的关键。我们是否有能力生活在永远抱怨的世界里，坚持做最好的自己？你可能会迷失前进的方向。看过优秀学长们令人眼热的成绩单，见识了身边同学们的不俗才艺，或许正激发了你想要成功的斗志，又或许让你觉得自己没有那么优秀，就坚持“平平淡淡才是真”吧。我们是否有信心给自己的青春找一个合适的坐标，认真去思考和定义成功的意义，赢得欣赏自己的人，给未来一个期望的起点？因为大学生活只是人生的一个阶段，但却着实需要一个能让人热泪盈眶、刻骨铭心的回忆。

作为学长，我们无法给大家一个完整的关于大学、关于青春、关于奋斗、关于成功这诸多问题的答案，或者指明一条前进的道路，只能为你们讲述一个个发生在这个大家庭中的难忘故事，希望让你们有所感悟，砥砺自己的成长。

机遇比梦想更宝贵　坚持比绽放更重要

作为佳木斯大学第十五届学生会主席，很多人说我顶着一个很耀眼的光环。然而，透过现象看本质，我认为是我付出了多于他人的努力和汗水，我背负更多的是一份责任，是一份对自己严格要求的责任，更是一份对学生会这个集体的责任。回顾来路，我想说：我做到了！

2011年3月，经过学院推荐、学生会考核后，我成为学生会后备委员。在考核中，我这样说过：今天之后，我与在座的各位竞选学生会的朋友会有两种情况：一是面对面地走过，互为陌路；二是成为共同奋斗四年的“家人”。记得第一次开部内会议，我由于个人原因迟到了1分钟。当我进入办公室的时候，看到大家都坐在桌旁等我，顿时有了惭愧之意。这也给了学长们“发挥”的机会。不过我心里完全接受，毕竟是我做错了。所以在那之后的所有会议、活动，我没有迟到过1分钟。那天会议之后我回到寝室，把这次会议的内容总结了下来。我把每一个学长说的话、对我们的要求都一一详细地记录下来，因为他们是我学习的榜样。每一位刚进学生会的成员都有过共同的烦恼，那就是“团委值班”，因为“值班”毕竟要和老师去接触，还是多少有些不自在。慢慢的，与老师接触久了，我发现我已经爱上了这个地方，只要一有时间，就去问问老师有什么需要做的工作。同时，我会将办公室打扫干净，让老师有个清新的环境、有个舒心的心情。有人说我这么做是为了讨老师的欢心，我想说：如果一个人连最基本的、最简单的付出都做不到，那你还能做成什么呢？

一年后，我成为学生会的正式委员。可以说，这个阶段是我真正地成长、为以后奠定基础的时期。从原来的听从安排、做好本职工作，到学着怎么去开展活动、活动后总结经验及不足。这一年我学会了苦累先冲到前头，学会了担当责任，学会了如何为大三学习和工作都很忙碌的学长分忧，学会了为学生会的新成员做好榜样。记得一次活动中，电线插排出了些问题，险些影响了整个活动。老师询问谁的原因，没有人回答。当时我觉得大家都有疏忽的地方，我就“承认”

了，老师才把话继续说了下去。其实，有时候在一个团队里，总要有个人来担当，在荣耀的时候我们共享，在磨难时我们更应该同当。要时刻记着“我们”。有人问我，怎么会这么久都对学生会保持着这么高涨的热情。很简单，在这里有我的大学梦。不是所有的付出都会有回报，但是我相信只要做了就会有收获。其实我也有过低谷期，那时候想付出的值不值，也突然感觉累了。后来想想，这很正常，人们在很多时候都会突然对自己发问，因而产生一些影响，这一时期是需要正能量来引导我们的。正是在团委老师的正确指引下，我又找回了自信，找回了那个不知疲惫的我。

2012 年 9 月，经过学生会全体成员投票、团委老师推荐，我当选为第十五届学生会主席。在成立大会上，我做了三点工作设想：一是认真学习理论知识，将理论应用于实践；二是加强学生会的自身组织建设，进一步提高学生干部队伍的素质，增强团队精神；三是大胆尝试，勇于创新，多元化、全方位地发展我校校园文化活动。“路漫漫其修远兮，吾将上下而求索。”肩负着同学们的信任，肩负着为大学生服务的使命，开始了我全新的、充满激情的大学生活。

这一年，我兼任学院学生会常务副主席、班级的班长。有人问我怎么会有这么多精力。我觉得，只要想做就没有做不成的；心有多大，舞台就有多大。

【作者简介】王涛，佳木斯大学第十五届学生会主席，理学院 2010 级地理科学专业学生。

青春，在大学中升华

“要想得到你不曾有过的，就必须做你不曾做过的。大学，过的不是安逸，而是拼搏。纵使学医的路再艰难和困苦，我也会为了心中的理想与执着继续前行……”

2010 年 9 月，当我穿着圣洁的白大褂站在医学实验楼前的那一刻，我知道，我踏上了一条神圣而艰苦、光荣而艰巨的道路。十二年的寒窗，实现了我成为一名医学生的梦想。每当我看到医院里的病人用他那充满痛苦、无助与哀求的眼神望着为他诊治的大夫时，我感到了作为一名医生的责任与使命，也更加坚定了我从医的步伐。成为一名医学生是幸运的，因为医生是最神圣的职业。人存在的意义在于他自身所创造的价值，而成为一名合格的医生是实现自身价值的最好体现。能用我的青春奉献给医学，我无怨无悔；能用我的所学“除患者之病痛”，我此生无憾。

大学的时光转瞬即逝，总感觉自己好像刚刚过了稚嫩的大一、懵懂的大二、奋斗的大三，转眼就要进入紧张的大四生活。在这三年里，我迷惘过、彷徨过、奋斗过，也拼搏过。从一个普通的学生到班级干部，到学生会里的骨干，再到学生会主席，从成绩平平到稳步提升再到获得奖学金，我看到了自己努力和拼搏的成果。然而，荣耀的背后同样有着艰辛的付出，但这些都是值得的。因为大学不仅是一个文化知识积累的过程，更是一个成长的过程。

学习、工作、生活，是大学恒定不变的主题。学习医学很苦很累，但心底的那份坚定与自豪、肩上的那份责任与使命，让我必须努力地学习医学知识，积累丰富的理论和技术。然而，我没有忘记我的工作，作为学生会主席，我带领我的团队积极参加学校的各项比赛，去医院做义务导诊，筹备“全国高等医学院校大学生临床技能竞赛”，举办“杏林论坛”等富有医学色彩的活动，丰富医学生的课余生活。生活中，我努力锻炼自己的身体素质，因为有一个好的身体是一个医生所必需的。

医学的严谨和认真，培养了我无论在学习、工作还是生活中都勤勤恳恳、兢兢业业。“鱼和熊掌不可兼得”，但我尽量地去平衡。想得到一些，就必须得舍去一些。学习和工作总有冲突的时候，完成学习任务是首要的，而完成工作任务就不得不占用休息和娱乐的时间，虽然累点，但生活更加充实、更加有意义。我们应该为自己的理想和目标而忙碌起来，让自己的大学生活成为一生中最美好的回忆。因为我们年轻，因为我们有充沛的精力，所以我们有奋斗的资本，更有拼搏的勇气。

我珍惜在大学的每一分、每一秒。因为这里有我的青春，有我的梦；有我拼搏的印记，有我向前的动力。青春，在大学里显得更加朝气蓬勃；青春，在大学里显得更加耐人回味。

青春，在大学里升华为内心的一片沃土……

【作者简介】颜世超，临床医学院第十五届学生会主席，2010 级临床检验学专业学生。

我的大学，我的骄傲

成长的过程就是破茧成蝶，挣扎着褪去所有的丑陋和青涩，在阳光下抖动着轻盈美丽的翅膀，闪闪地、微微地、幸福地颤抖。而结果呢，就如缓缓流淌的溪流，悄然间就长大了。

我是佳木斯大学临床医学院的一名学生，本应该平凡地度过大学生活，毕业后成为一名医生。但是我想成为一个强者，我想证明自己。而每一个成功者都要有一个开始，勇于开始才能找到成功的路。

哲人教导我们，如果想要更多的玫瑰花，就得种更多的玫瑰树。

我想得到更多，就得付出比别人多百倍的努力。于是，我一直努力地寻找各种途径去学习，磨炼自己的意志。大一时，我经过了层层选拔，走进了大学学生会。从那时起，为了证明自己的能力和实现自己的梦想，我始终坚持不懈地努力着。2011年，我被推选为佳木斯大学学生会副主席。那时已经大三的我以为这就达到了我最终追求的目标；但是，恰恰相反，校团委老师给予我更大的信任，希望我可以扛起大学社团联合会这面大旗。当时身边的很多朋友都觉得这是一个玩笑，已经面临毕业的我，还怎么去开展那些活动呢？更何况身为大学学生会副主席的我，已经不需要去为那个职位拼搏了。面对这些质疑，我毅然决定接受这个任务，因为我觉得成功是要有决心的，不需要踌躇。我有信心做好，造就一个不一样的社团联合会。

“合抱之木，生于毫末；九层之台，起于垒土；千里之行，始于足下。”这告诉我们，一切都是从零开始的。

2012年9月，我正式接任了佳木斯大学第六届社团联合会主席。当走进社团联合会的办公室，看着空荡荡屋里的那一张桌子和几把椅子，我很幸福，因为这将是我们社联人的家。我相信，通过我们年轻人的创新和努力，将会使它变得更加温馨。那天，在当时加上我只有五个人的社团联合会里，我开始了我的第一次会议。我决定重新建立整个组织的内部结构，包括下设部门、职位分工、工作制度和下一阶段的工作计划。所谓人多力量大，工作不是几个人就可以完成的。于是我们的第一步就是纳新，吸纳一些在各个方面能力突出的人，但我的要求是人不要广而要精。同时，在纳新的过程中，接到了大学团委老师下达给我们的第一个重大任务，在半个月内，要完成四项大型活动的举办。这对于刚刚组建成形的组织无疑是一个巨大的挑战。但是我对自己有信心，对整个社团联合会有信心，也相信我的手可以创造奇迹，因为这是团委老师对我们的支持与信任。于是，我满怀着激情开始了准备。

第一个活动是已经持续了8年时间的主持人大赛，第二个活动是象棋大赛，第三个活动是户外社团的展演，与此同时的第四个活动是首届大学生社团文化艺术节闭幕式晚会。为了把这四个活动做得更有创新意识，我决定给这个主持人大赛设立一个奖杯，目的是做出一台更接近媒体和更有意义的主持人大赛。而其他活动则需要其他社团、其他学院的大力支持。可是对于刚刚成立的社团联合会，很多的回应只是冷眼与不屑，认为我们这一届社团联合会也只是像从前一样流星闪过的一瞬而已。我坚信，任何事情一旦下定决心，必须努力做到最好，这样就一定会得到自己想要的，一定会有所收获的。

正所谓“在其位，谋其政，思其事”。就在这样的层层压力下，我和社联的其他人不断奔跑于各个社团，利用我在大学学生会积攒的人脉网，希望可以得到更多社团和学院学生会的帮助。而在这个阶段，大学团委老师给予我最大的支持，授予我更大的权利，使我在奔跑于各个社团和学院间有了更强的信心。那个时候，社团联合会的每个人都很辛苦，忙碌的身影让我久久不能忘怀。每天除了必要的上课、睡觉时间外，基本上都在社团联合会的办公室里奋斗着。而我也是一样，每天早上从山下到山上，不断地接电话、打电话，跟各个社团、各个学院联系，还要联系赞助方。与此同时，为了加强社团联合会内部人员能力的锻炼，我决定采取“以一带多”的方式，让每一个2010级的社员领着新进社员策划和执行活动，这样可以提高整体的综合素质，使整个社团联合会的能力得到进一步提升。

现在每当我回想起这些，都觉得那时候的自己才真正地感受到忙碌的工作带给我的快乐和幸福，而那段时光对我来说是大学四年中最有意义的一段回忆。记得那时每天仅有的一顿饭，还是社团联合会的同伴们给带来的。但是在这样的条件下，四个活动终于在社团联合会战友们的不懈努力下完美地落下了帷幕。在那时，最辛苦的就是组织闭幕式的时候，由于时间紧迫、工作任务过重，每个人都熬到很晚才能踏上回寝室的路。那时，室友常开玩笑说：“俊栋啊，你这真是扎根在社团联合会了啊！”每每听到这些，我的心就好像吃了蜜糖一样。

在活动之后，社团联合会得到了领导、老师和同学们的一致好评与认可，整体的形象和影响力也得到了提升，而各个社团的魅力也在各项活动中得到了最大的彰显。

在假期之后，新学期里社团联合会也将继续调动同学们的热情，让各个社团特色得到更好的发扬，走出佳木斯大学，走进整个佳木斯，让我们大学生的热情燃烧在整个佳市上空。

有人说，享受成果是人生一大乐事，事前花的心血愈多，下的工夫愈多，事后获得的成果自然愈好，享受起来必然也就愈快乐。我想，此时的我就是在享受着成果所带来的喜悦吧。但在今后的日子里，我也将继续为我的社团联合会、我的大学和我所追求的梦想一直奋斗着。我很庆幸自己曾经的选择，庆幸自己在这个组织里，因为我会一直为它骄傲着，也为它祝福着。

【作者简介】李俊栋，佳木斯大学第六届社团联合会主席，临床医学院2009级医学检验临床输血一班学生。

梦想的阶梯

我出生在河南省一个贫困的家庭，自小在艰苦条件下成长的我深知，只有靠自己的双手，才能创造美好的明天。生活的苦难不仅教会了我自强不息，更让我拥有了为梦想攀登的勇气。

“生活不经历挫折就不够精彩”。正因为这句话，我一直在前行着，兼职、促销与家教，科研、创新与创业。2012年3—5月，我组建团队参加了第五届大学生机械创新设计大赛和“挑战杯”全国大学生创业大赛两项国家级的创新创业大赛，并分别荣获省级银奖和省级一等奖。2012 年 11 月，我成功地当选为佳木斯大学第三届“自强之星”。

2012 年 7 月，我和团队的其他两名成员，成功地创办了属于自己的第一家公司——佳木斯翼翔安全设备有限公司。同年 8 月，我又带领团队成员创办了丢丢文化创意工作室和佳木斯大学生活网（www. jmsdaxue. com）两个商业实战项目。截至目前，两个实战项目均已实现赢利。

一分辛苦一分甜，这一切成绩当然都与我的努力息息相关。在经历过各种科技创新大赛后，作为科技创新协会主席的我，深知自己的科学知识还不足，毅然决定系统地学习科学知识。因此，我申请并进入机械工程学院硕士研究生实验室，参与硕士生导师课题研究 3 项。其间，经过不断地从事科技创新研究工作，努力进取，充实自己，最后成功地申请国家实用新型专利 3 项。同时，通过不断地努力，我成功地申请校级课题项目“多功能折叠载物车”，并在“第四届海峡两岸创新方法（TRIZ）研讨会”上，成功发表论文《基于 TRIZ 理论的多功能折叠载物车》，又成功地申请国家实用新型专利 5 项。2011 年 12 月至今，我作为佳木斯大学 KAB 创业俱乐部副主席，组队参加了“中国移动杯”首届黑龙江省大学生创业大赛，获得全省第一名的佳绩，并获得创业扶持资金 15 万元。之后组织开展“高楼逃生器”项目推广、“鸡西大学”考察学习、“挑战杯”大学生创业大赛、在北京举办的“2012 年创业年会”等活动，在实践中验证理论，用创新力量推动创业成长。

如今，当我看着自己一手创办的项目正一步一步地成长，看着身边亲自培养的同学们已经可以独当一面，我十分欣慰。我将依然坚持在这里，坚守着自己的梦想。

【作者简介】刘凯，2012 年度中国大学生“自强之星”提名奖，佳木斯大学第三届“自强之星”、首届“十佳科技创新标兵”，机械工程学院 2009 级交通运输专业学生。

我的光荣与梦想

“春风依旧吹拂，夏花依然盛开，秋叶仍在寻根，冬雪如昔映梅。时光这驾老车载去了无数人的回忆，也带来了后辈人的希望与梦想。光荣与责任同在，光荣与梦想共勉。穿过岁月的河流，我渐渐发现，我已感受过了这几个春夏秋冬，推着老车前行。我弱弱地暗示自己，我，一直在路上。”

佳木斯大学校园广播站成立于 2001 年 11 月 21 日。很荣幸，我成为了校园广播站第十三届站长——广播站历史上为数不多的女站长之一。我为这一路走来而感到快乐，因为我追求着，追求着让自己快乐的事情，然后快乐地去完成它。我觉得这就是最重要的。三年前，我和大家一样，带着青涩和岁月赋予那个年龄段特有的标志，来到这陌生的环境。陌生的人，陌生的事，陌生的一切让我明白，我要去主动地认知。“校园广播”这几个字对大多数学生来说，感觉陌生而又遥远，那时对于刚刚步入大学的我来说，同样如此。也许是命运的安排，一次偶然的机会，我加入了播音主持培训班，让我有机会接触广播站、了解广播站，从而下定决心加入到这个大家庭中。回想起来，这是我求学生涯中所做的最令我自豪的决定。我每天快乐充实地过着属于我的大学生活。

也许是执着追求后的那道彩虹，也许是命运安排后的那双水晶鞋，在广播站我度过了最青春无悔的大一，那是我大学四年中度过的最快乐无忧的时光，每天做着自己喜欢的事情，跟一群志同道合的朋友们在一起，重要的是我觉得这里是我可以施展才华的舞台。升入大二，这是我成长最快的一年，这一年我成为了一档栏目组负责人，进而我理解了“责任”两字的含义。每天，除了上课、吃饭、睡觉，我所有的时间与精力都投入到了这里：早上 8 点出门，晚上 10 点回寝，熬夜工作到凌晨两三点是常有的事；可是我从来没有觉得苦，反而每天都热情高涨。大二下学期，广播站进行了一次大改革，我必须在短时间内创建一档新的栏目，来保住我的成员，其中的坎坷与艰辛只有经历了那次大改革的人才能体会，当然结果是令人欣喜的，我成功了。回想起来，我要感谢那次改革，让我变得成熟，也让我从广播站的众多精英中崭露头角。有人说那个时段的我是最幸福的，上有学哥学姐，下有学弟学妹，也就是所谓的“上有老下有小”。没错，那时的我真的很幸福。在我即将上任之前举办的主持人大赛让我受益匪浅，作为这次活动的组织与策划者之一，我学会了一次大型活动的开展需要怎样合理有序地进行人员的调配、台前幕后的配合等，这为我做站长打下了一个良好的基础。

有人说，能力与压力在直角坐标系中是正比例函数图像。对此，我没有下定论。2012 年 11 月 22 日，经过民主选举，我成为佳木斯大学校园广播站新一届站长。这一年我也同时担任了大学社团联合会副主席一职。有人认为我是光鲜亮丽的，也有人认为一个女生能走到今天肯定有太多的不容易，压力随之而来。新的事物的诞生会伴随一定的问题，广播站也是如此，因为集体是由个体组成的，人员显然是重要的。广播站是一个锻炼人综合能力的地方，人员进站需要经过严格的考核，一个注入新鲜血液的集体才会以一个新的姿态出现在校园中。又是一年一度的元旦晚会，又是一次一次的精心筹备，又是精英们展露才华的盛宴。这让我看到了新的希望、新的动力、新的梦想。

对于广播站来说，2013 年 5 月 4 日举办的诗歌朗诵会无疑是证明实力的活动。我为本届诗歌朗诵会而倍感骄傲，朗诵会超越了以往的形式与性质，上升了一个阶梯，成为大学生十分关注的活动，一个具有代表性的“五四”活动。大学团委领导、各学院老师等成为本次活动的嘉宾。这是一次质的飞跃，一个新的挑战、新的突破。2013 年 6 月举办的听友见面会暨送老生晚会，又是一个新的起点。

我也曾有过迷茫、惊慌、彷徨。一个女生，我如何走这条大学路，如何让自己更加无怨无悔。我来到这个全校最大的社团。都说女生的精力和能力是有限的，但我从不服输，男生能做的事情我同样能做甚至会做得更好，就像我总会跟广播站的同学们说的，做任何事情都要相信自己，如果一个人连自己都不相信，那么有什么理由让他人相信你呢？我是幸运的，我庆幸自己有这样的经历，如果没有追求，人就会机械地做事，那生活会是什么味道，我不敢想……风雨过后会留下彩虹，逐浪排空后留下海鸥的身影，那么坚持付出后留下的便是一生受用的精神，正因为你做了，才显示出你收获的感动。就如广播时常说的那句话“低调做人，高调做事”，在实践中越显睿智。如果没有梦想，那行走会是什么方向，我也不敢想……

什么是理想？我曾问自己，理想便是理智地想象。看清自己，主观上正确地审视自己，我想要什么，让我自己快乐的追求是什么。不要因为已经接近傍晚就期待明天的朝阳，余晖也有它的韵味；不要因为狂风暴雨就静待安静的到来，有时出去领略一下风暴可能会别有洞天；不要因为梦想破灭就坐以待毙，有时候你应该感谢你还有你的追求。最后，我想说出所有广播人心里的那句话：“广播，我的光荣与梦想。”

【作者简介】田静，佳木斯大学校园广播站站长，佳木斯大学“十佳优秀主持人”，国际教育学院 2010 级会计专业学生。

新　路

融入大学

作为大一新生的你们，刚入校后，难免在环境、心理、习惯等方面有不适应或失落感。要适应大学新生活，可从以下几个方面着手。

一、管理好自己

经过高考的洗礼，你们成为了同龄人中的幸运儿，步入了向往已久的大学殿堂，沉浸在对大学生活、对美好未来的憧憬之中。

生活上，你们必须学会独立，树立正确的生活观念。大学生活是丰富多彩的，应该做到有效地学习、有序地生活、有益地娱乐、有心地交往、有度地消费。

学习上，要学会安排自己的时间。大学里很多时间是留给自己掌握的，要把预习、做作业、锻炼身体、娱乐及休息时间安排好，要管得住自己。因此，对于初入大学的你们来说，要走好以下五步。

1. 调整心态，从零开始。也许你曾是中学里的佼佼者，是同学的榜样、家长的骄傲；但你的大学新同学一样优秀，也曾是佼佼者，在这个新的群体里，孰高孰低未见分晓。可能你会渐渐失去往日众星捧月的感觉，心里空荡荡的，这时千万别消沉，一定要调整好自己的心态，一切从零开始。对于站在同一起跑线上的你我，至于最后的结果如何，全看自己的努力。

2. 做好自己的财务管理。上大学了，得学会自己当家。攥着父母的血汗钱，要做好预算、合理开支，千万不能铺张浪费和盲目攀比。

3. 与室友融洽相处。同一寝室里住着几个操着各地口音的兄弟（姐妹），要共同相处几年，相逢是缘。大家都有优点，可以互相学习；也都有缺点，更该彼此包容。

4. 合理参加社团。大学的社团名目繁多，每到新生开学，校园里纳新启事到处贴，传单满天飞。这时千万要沉住气，不能盲从。要找到自己感兴趣的社团，先看看它的性质，再找师哥师姐聊聊，看该社团的口碑如何。如果上述方面你都能满意，那就去报名吧。

5. 养成自觉学习的习惯。大学的授课几乎是堂堂换老师，节节换教室，自学是大学学习的主要特征。不仅上课所学的要靠你的自觉性去消化吸收，个人知识体系也要靠自己去补充、完善。所以，除了专业学习外，还应适当涉猎课外知识，丰富自己的学习生活。

二、转变自我

新生要适应大学的五个转变。

（一）社会角色的改变

大学生与中学生担任的校内角色不同。在中学时，不少人在校内或班内担任一定职务，是受人尊敬的学习尖子；而在人才荟萃的大学校园里，大多数可能成为不担任任何职务的普通学生。此外，大学生与中学生所担当的社会角色也不同。中学生的心理和思想正在发展中，职业方向和社会角色不够确定；而大学生的职业方向基本确定，社会地位有了较大提高，社会对大学生的期望和要求标准要比对中学生的高得多。因此，大家要实现从中学生到大学生这种社会角色的转变，处处用大学生的标准严格要求自己，既学做人又学做事。

（二）奋斗目标的转变

大学是人生成才、成就事业的一个新起点。“有志者事竟成”“而学必先立志”。大学生应从高考胜利的满足和陶醉中清醒过来，根据学校教学的客观现实和自己的实际，制订出个人在学业、思想道德、心理发育等素质培养方面的奋斗目标和行动方略，以增强进取的内动力，为创造大学阶段的人生辉煌打下良好的基础。

（三）思维方式的转变

与中学相比，大学生活节奏快，活动空间大，结交的人多。面对这些环境条件的变化，大学新生的思维方式要做到由“非成人化”向“成人化”转变。在思考处理所遇到的问题时，力求做到辩证全面而不要唯心片面，要远见务实而不要目光短浅；对人生重大问题的选择要深思熟虑，三思而后行，不要盲目冲动或感情用事；要增强道德和法制观念，做事要考虑后果。

（四）生活方式的转变

在中学时，生活琐事大多依靠父母或亲友帮助处理；进入大学后，衣食住行等个人生活都要由自己安排处理。自主、自立、自律是大学生活的主旋律。大学生应适应这些生活方式的变化，自主而合理地处理好个人的学习和生活问题，注意培养独立生活的能力；要自觉遵守学校的规章制度和作息时间，养成良好的生活习惯；要积极参加学校、班级组织的文体活动和第二课堂活动。

（五）交往方式的转变

中学生大多在家乡就读，同学间充满乡音乡情；而大学生来自全国各地，其语言、个性和生活习惯有较大差异，这就要求交往方式有所转变。要注意从以“自我”为中心向以“集体”为中心转变，在班级里要多关心他人，在宿舍里要相互礼让。首先，要做到相互了解、相互适应，要提倡主动交往；其次，要相互尊重、相互关心，为人诚恳热情，待人宽律已严，大事讲原则、小事讲风格；最后，与同学交往坚持与人为善，要搞“五湖四海”、全方位交往，而不要有拉帮结派等庸俗作风。交往中注意给人以良好的印象。比如：衣着整洁大方，言谈举止要文明礼貌，待人诚恳，不卑不亢，讲信用，守时间等。还要消除交往中的羞怯情绪，培养交谈中“说”与“听”的技能。注意提高个人修养水平，养成良好的行为习惯。培养全方位的交际能力和处世艺术。

三、了解大学教育与中学教育的区别

大学教育的根本是基础知识的灌输和人文精神的培养，大学的学习已完全不同于中学。迈入大学校园，面临的是一个全新的学习和生活环境。学习任务十分繁重：既要学专业知识，也要学专业外的知识；既要学科学研究方法，也要学实验、技术操作；既要学做事，也要学做人。首先，大学里所学知识是由基础课、专业基础课和专业课组成的，循序渐进，一环扣一环，前面的课程没有学好，就会影响到后面课程的学习。另外，在校期间还要通过大学英语四、六级考试和计算机水平测试等，学习任务并不轻松。其次，大学教育和中学教育有着显著的区别，主要表现为以下三点。

1. 学习任务不同。中学的学习任务是学习科学文化基础知识，为进一步的升学或就业做准备。大学则是以培养各类高级专门人才为目标的，既要学习专业知识，又要掌握专门的技能，与整个社会需要紧密地结合在一起，使其具有很强的实践性和针对性。

2. 学习内容不同。大学的学习是一种专业性很强的活动，但这些课程都紧紧围绕一个中心，就是为培养专门人才服务。此外，大学还会根据培养专门人才的要求，开设大量的选修课、专题讲座和实验、实习及社会实践等许多反映现代科学技术发展的新知识、新内容的课程。

3. 学习方式和方法不同。大学学习充分体现出学生学习的主动性、积极性和自觉性，并不断探索和总结适合自己的学习方法。大学的学习一定要改变往日应试教育的学习方式，积极参加课外实践和各种兴趣小组，这对于今后的发展十分重要。

学会学习

知识经济时代的竞争，不仅是知识的竞争，更是能力和综合素质的竞争。不管是综合素质的提高，还是综合能力的培养，都是以学习为基础的。大学生只有不断提高自己的知识水平，才能适应知识经济时代的发展，铺就成功之路。刚刚步入校门、即将开始学习之旅的你们，首先要知晓大学学习的特点和大学学习的基本方法；其次要树立良好的学风，端正学习态度；最后要正确对待考试，克服面对考试的焦虑心理，并做到诚信考试。

一、大学学习的特点

（一）学习的主动性

大学学习与中学学习截然不同的特点是依赖性减少，代之以主动、自觉的学习。课堂教学往往是提纲挈领式的，教师在课堂上只讲难点、疑点、重点或者教师最有心得的一部分，其余部分要由学生自己去攻读、理解和掌握。因此，大学学习不能像中学那样完全依赖教师的计划和安排，学生不能只单纯地接受课堂上的教学内容，必须充分发挥主观能动性，激发自己在学习中的潜力。

自主性的学习方式，将贯穿于大学学习的整个过程，并反映在大学生活的各个方面。如学习时间的自主安排，学习内容和学习方法的自主选择等。大学生自学能力的培养，是适应大学学习主动性特点的一个重要方面。培养和提高自学能力，是大学生必须完成的一项重要任务，也是进行终身学习的基本条件。在学习方法选择上，大学生更应发挥主动性。在各种不同的学习形式中，都要发挥学习的主动性，根据自己的情况，选择适合自己的最有效的学习方法。大学的学习，不是死记硬背老师所讲的内容，而是根据自己的学习目标和专业要求，选择、吸收和消化有用的知识。这个过程就是学习主动性的体现。

（二）学习的专业性

大学学习实际上是一种高层次的专业对口学习。这种专业性是随着社会对专业要求的变化和发展而不断深入的，知识不断更新，知识面也越来越宽。为适应当代科技发展既高度分化又高度综合的特点，这种专业性通常只能是一个大致的方向，而更具体、更细致的专业目标则是在大学学习过程中或在将来走向社会后最终确定下来的。

大学教育的目的是培养高级专门人才，因而大学学习具有明显的专业性特点。从报考大学的那一刻起，专业方向的选择就摆在了考生面前，被大学录取，专业方向就已经基本确定了，而且大学期间学习的内容都是围绕这一方向来安排的。

（三）学习的广泛性

广泛性反映了大学学习的多层面、多角度的特点，表现在以下两个方面。

第一，大学生可以通过各种途径和渠道吸收知识，也可以靠广泛的兴趣去探求课程之外的知识。上课时间之外，学生有较多的自由支配的时间，可以在学校为其提供的各种条件下进行广泛的学习，如学术报告、知识讲座、专题讨论、社会调查等。众多形式为大学生从不同层次、不同角度学习知识创造了条件。

第二，大学生在学习活动中可以发展自己的兴趣，不断丰富调整自己的学习内容，形成合理的知识结构。如果想取得事业成功，必须同时具备人文素质和科学文化素质，这两方面是不可或缺的。

二、大学学习的基本方法

在学习方法上，前人给我们留下了一笔很珍贵的财富，总结出了很多值得借鉴的方法，如："三到"（心到、眼到、手到）法、"四边"（边看、边批、边画、边写）法、结构学习法、比较学习法等。创造最佳学习方法要注意两点：一要以提高学习效率为标准；二要因人而异。有的方法适合于别人，并不一定适合你。所以，每个学生要结合自己的实际情况（学习目标、任务、兴趣、爱好等），选择适合自己的学习技巧和方法。

（一）做好笔记，课后复习，查阅参考书籍

俗话说，"好记性不如烂笔头"。在听讲的同时，及时记录老师所讲的主要内容，做好笔记。这样做，一是有利于课后复习，二是有利于集中精力。

课后及时复习，巩固课堂上学过的知识。尤其是在晚上临睡觉前，要对课堂上老师所讲的内容在脑海里"过电影"，对已获得的信息进行加工后吸收。此外，还要学会使用图书馆、电子阅览室等，查阅有关资料，补充和拓展知识。

（二）广泛阅读，积极质疑，树立参与意识

大学生需要更多的阅读和思考。要对各种版本的教材、各种学说进行阅读、分析和思考。求理解，重运用，不死记硬背。鲁迅先生说过："必须如蜜蜂一样，

采过许多花，才能酿出蜜来，倘若叮在一处，所得就非常有限、枯燥了。”主动参与到教学活动中，而不是过多地依赖教师的帮助；对教师的讲课内容提出质疑，对各种问题及答案提出假设。

（三）劳逸结合，提高学习效率

古人云：“文武之道，一张一弛。”只有会休息的人才会工作。有些大学生，他们有良好的学习愿望和刻苦的学习精神，从早到晚不停地看书做作业，但学习效果并不理想，长此以往甚至可能酿成疾病，这就是不注意劳逸结合的结果。

要想始终保持良好的学习状态，必须做到以下几点：一是保证充足的睡眠时间；二是注意锻炼，每天要安排1小时的文体活动，使身心得到调节和放松；三是培养广泛的兴趣和爱好，使生活内容丰富多彩；四是养成良好的生活习惯（如不抽烟、不酗酒、按时作息等）；五是学会科学用脑，掌握自己学习效率最高的时间段。另外，乐观而开朗的性格和适当注意饮食营养，也是保证身体健康、提高学习效率的重要条件。

（四）调整心态，掌握应试技巧

大学生要正确地对待考试，但不过分要求高分。要考得轻松，学得愉快。成绩并不能全面、准确地反映一个人的知识水准，特别是对能力的反映更不全面。

应试技巧的培养要注重两个方面。首先，要做好考前准备，即认真复习，有计划、有安排、有轻重缓急。要合理安排时间，不要使大脑过度疲劳，以免影响学习效率。尤其是临考前几天，应保持充足的睡眠，保证以清醒的头脑和充沛的精力走进考场。其次，要有应付怯场的办法。考试时，先做有把握的题，难题放在后面做，这样可以消除考试紧张情绪。假如考试怯场，可设法转移注意力，使大脑兴奋起来，诸如想一件令自己高兴的事，或者做几次深呼吸，使情绪稳定。

（五）总结经验，善于交流，培养学习能力

俗话说，“温故而知新”。经过一段时间的学习后，要及时总结、反思自己的学习方法是否得当、效果如何。因为在总结中也会产生新的东西，启发人的大脑，从而不断地创新，丰富学习内容。

学习需要及时与他人沟通、交流。在相互交流的过程中，彼此间都在为对方提供一定的信息，相互启发。因此，交流是必不可少的学习环节。它可以使你的认识面更广，知识更丰富，观点更深刻。

大学期间重要的是培养学习能力。学习不能只是机械地学，而更应注重能力的培养。现在有两类学生是比较突出的：一类是所谓的“好学生”，他们学习成绩优异，门门考试高分，而一旦离开学校步入社会，则失去了方向，难以适应复杂的社会而无用武之地；另一类是比较容易融入社会的学生，虽然成绩不如前一类学生好，但在事业上成功了。可见，理论固然重要，但是只有理论联系实际，

才能更快地融入社会。

三、树立良好的学风

《中国青年》杂志社和中央教科所高等教育研究中心联合举办的“我心目中10所最好的国内大学”大型问卷调查评选涉及的38个选项因素中，位居前列的分别是：校风、学风、学校声誉、图书馆条件、实验室情况、教学质量……可见，一所大学的实力并不只依靠学校的硬件设施，校风、学风才是真正的“软黄金”。一所学校、一个班级有自己的学风，一个人也要有自己独特的学风。

（一）端正学习态度

有了正确的学习态度，才能克服学习过程中出现的各种各样的问题。态度明确，注意力专注，学习效率才能高。当然，正确的学习态度又来源于对大学学习重大意义的认识，所以，学习态度是一个人的人生观、世界观的具体体现。

（二）摸索适应大学的学习方法

大学是集中、系统地学习知识的时期，自觉学习是大学学习活动的核心特征。大学生的学习不单是掌握知识，更重要的是掌握学习知识的方法。方法不等于知识，知识可以遗忘，而方法则忘不掉。知识的载体可以是书本、光盘、音像制品，而方法的载体只能是人本身，特别是人的头脑。知识是最低层次的，方法比知识更重要。方法是打开知识宝库大门的钥匙。授人以鱼，只能抓几条鱼而已；授人以渔，掌握了捕鱼的规律和方法，可以捕到更多的鱼。

（三）正确处理学习知识与培养能力的关系

成功既离不开能力，也离不开知识，二者不能偏废。我们强调学习知识的重要性，并不是要大学生都不去做学生工作，都去做书本知识的奴隶，而应摆正学业和能力的关系。只要处理得当，“鱼”和“熊掌”可以兼得。

（四）用智慧驾驭知识

以新的视角来看待知识与方法的关系，是知识经济时代培养创新人才最根本的问题。现在不少大学生认为进入信息时代，鼠标一“点”，就可以包罗万象、包治百病、包打天下了，实际情况并非如此。信息不是知识，知识不等于智慧，体现智慧的是把信息和知识结合起来予以应用，并取得良好效果的能力。数据资料不加以分析不成其为信息，信息不加以应用不成其为知识，知识不通过智慧加以运用不成其为力量。知识的数量不是创新的决定因素，最为关键的是掌握科学的学习方法，用智慧驾驭知识。

四、 如何应对考试焦虑

有10%～15%的大学生对考试存在不同程度的焦虑，特别是学习基础比较差、性格内向、学习方法不够灵活的大学生最容易产生考试焦虑症状，有的大学生还伴有失眠和神经衰弱等症状。

在一般情况下，焦虑情绪低的人可以在有压力时提高学习效率，而焦虑程度高的人在有压力时学习效率反而会降低。一般来说，较简单的学习可以因有一定的情绪压力而提高效率，而较复杂的工作则可以因情绪压力而降低效率。

（一）产生考试焦虑的主要原因

不能正确地对待考试，担心考试不及格。这类学生主要是基础比较差，学习比较吃力，对大学的学习方法不适应，把考试看得过于严重，担心考不好降级怎么办，毕业分配怎么办。由于思想压力超过心理负荷而造成过度紧张。

1．疑虑考试失败。有些学生为了保持自己原有的优势，与来自全国的众多"尖子生"去竞争，结果负于强手，在心理上出现了自责、自卑和难以服气的精神压力。于是背上沉重的思想包袱，每到考试自然就会产生种种想法，诸如担心再次失败的焦虑情绪等。

2．外部压力大。市场经济条件下，人才竞争十分激烈。在考试成绩方面，父母或朋友对学生的要求过高，评优和奖学金的标准以成绩为主，都是造成考试心理压力的主要原因。有的学生怕考试出错，把考场纪律也视为一种精神上的"压力"。

3．大脑休息不足。有些学生为了迎接考试，拼命复习功课，导致睡眠不足。如果再不注意增加营养，身心需要的能量得不到及时的补充，也同样会陷入焦虑之中。

（二）克服考试焦虑的方法

1．端正对考试的认识。考试只是检验所学知识的一种手段，要正确对待考试结果。一般情况下，考试成绩反映了平时学习的状况及学习效果。因此，要认真对待，尽力发挥自己的水平。同时，也不能把考试分数看得过重，因为它不是衡量学习质量的唯一标准。所以，即使考试失败了，也不要灰心丧气，要从失败中吸取教训。

2．培养良好的心理素质，树立自信心。人的心理是对客观现实的主观反映，但人绝不是消极、被动地接受现实的影响，主观的积极状态可以减弱和消除消极的影响。考试中要正确对待考场中的各种因素对自己情绪的影响，树立自信心，不怀疑自己的能力，充分发挥主体优势，消除不必要的顾虑和担忧。

3. 考试前要有充足的休息。考前休息的方式包括生活规律的重新调整，做些自己喜爱的运动，使自己的身心放松，进入一种“假消极状态”。心理学家认为，“假消极状态”最有利于激发人的心理潜能，有利于发挥自己的水平。

五、诚信考试

每到期末，考试就成为老师和学生的中心话题，“作弊”则是这个话题中不断被提及的词。为了规范和严肃考试管理，杜绝考试违纪行为，每所大学都制定了相应的考场纪律。然而，大学生作弊现象却呈现愈演愈烈的趋势。

很多大学生为自己的作弊行为付出了惨痛的代价：有的作弊之后，个人信用从此丢失，心理上会有深深的内疚和罪恶感，并由此出现心理问题；还有的由于作弊受到纪律处分，甚至被取消学位。这些都是十分令人痛惜的事情。

诚然，大学生作弊有其一定的客观因素，如社会上不正之风的影响、高校现行教学考试模式的陈旧、监考教师执行不力、学生评价体系的不科学等。但是，大学生应该如何从自我认识和心理调节做起，警惕作弊心理的出现呢？

（一）不断强化良好的自我意识，塑造诚信人格

良好的自我意识包括自知、自爱、自尊、自强、自制等。自知，指人应有自知之明，也就是既要看到自己的不足，也要看到自己的长处，这就需要自我观察、自我认定、自我判断和自我评价。自爱，就是保护自己、重视身体健康、珍惜自己的品德和荣誉，以赢得别人的尊敬和友情，并善于适应现实环境，力求自身的发展和学习的进步。自尊，是人的基本动机之一，人的能力有大小、地位有高低，但在生活和工作中，应与别人居于平等的状态，表现出不退缩、不畏惧、不妄自菲薄，要做到谦而不卑。自强，是心理健康之本，也是立身之本。尤其是当今大学生，一定要自我肯定、相信自己，无论在什么情况下，都不能轻易放弃、轻言失败。自制，就是不但能控制自己的情绪，而且能根据自己的能力，做到有所为有所不为，能独立地作出决定，善于掌握和支配自己的行动。大学生只有在平时的生活中不断完善自我意识，树立乐观、成熟、诚实的品性，才能塑造完美的人格。

（二）明确学习目标，提高学习动力，学会学习，注意平时积累

大学里学习目标的明确是至关重要的。明确的学习目标有利于增强学习动力和激发学习热情。大学的学习不是简单的知识灌输和积累，而是学会学习、掌握自学的技巧。很多大学生学习成绩不理想、学习效果不佳，往往是因为没有学会学习。死记硬背、临阵磨枪并不是理想的学习方式。合理的学习应当遵循一定的心理学规律，比如记忆就是一个认识、保存、再认识的过程，而且全过程伴随着

遗忘。大学生怎样才能遵循记忆规律进行学习，合理安排集中复习和分散复习，这些都非常值得注意。只有平时认真学习，遵循学习规律，做到循序渐进、厚积薄发，才能使自己树立自信，笑对考试。

（三）注意对考试认知的调整，理智看待考试及考试结果

很多大学生对考试本身以及考试不及格等引起的后果存在错误的认识，认为考试只能成功不能失败，考试失败就意味着人生的失败，考试失败会对不起父母，一次考试失败就意味着前途彻底暗淡，等等。种种认知偏差都需要我们不断去调整和矫正。生活中其实有很多的人生哲理值得我们去学习和借鉴，吸取其中的营养，比如，“兵来将挡，水来土掩”“塞翁失马，焉知非福”等。大学生如果能合理地转变自己绝对化的、以偏概全的认识事物的模式，就能够以很好的心态面对考试及考试结果。

（四）做好考试期间的良好心理调适

做好考试期间的良好心理调适，以一个良好的心理状态去参加考试是非常重要的。可以通过自我鼓励、自我积极暗示、科学用脑、有效利用生物节律安排复习、劳逸结合、加强运动、焦虑时转移注意力、学会放松、积极咨询求助、合理用药等一系列自我心理保健、心理咨询甚至心理治疗的方法，做好心理调适，以取得良好的效果。

理性消费

上大学了，得学会自己当家。攥着父母的血汗钱，要做好预算、合理开支、理性消费，千万不能铺张浪费和盲目攀比，这就要求大学生首先要知道大学的主要消费有哪些。

一、大学的消费

（一）基本生活消费

大学生的基本生活消费（衣、食、住、行）在静态上可划分为高、中、低三个档次，在动态上呈逐年增长的趋势，而且由于不同高校所驻城市经济发展程度不同、消费水平有差异，基本生活费的具体数额略有不同。对于许多大学生来说，就餐消费已经超越填饱肚子的范畴。有数据显示，大多数学生每月在食堂吃饭的费用一般在300元左右，约占总支出的50%，其中最低的仅占生活费的六分之一。令人注意的是，大学生走出校园食堂到外边聚餐的费用与日俱增，其开销少则几十元，多则数百元。麦当劳、肯德基等餐厅因为环境幽雅、服务周到，成为大学生最爱光顾的场所。

（二）学习消费

大学生的学习消费主要包括学费、书本费、考试费用、电脑消费等。其中，学费因学校所处的地域、类别、专业等不同而有所差别。农、林、师范等院校因享受国家政策，每学年收学费一般在3500～4500元，其他院校的收费也因专业不同而各异。其次，大学生除了购买基本的教材外，其他学习消费主要集中在购买教学参考书、应对各种考试的书籍上。目前，英语考试从培养阅读型人才向培养听、说、读、写全面发展的复合型人才发展；英语四、六级考试加重听力部分的得分比重，增加实用性内容的考核。因此，学好英语的关键就是听、说能力的培养，在这方面加大投资力度，必须配备英汉大词典、随身听、MP3等。此外，随着就业竞争的日益激烈，“考证热”在各大高校已悄然兴起。大学生忙于参加各种考试，如计算机等级考试、注册会计师考试、国家公务员考试、驾驶执照考试等，这无疑增加了考试的费用。多一个证件多一条路，不少大学生甘愿对考试进行高额投资，以增加就业竞争中的含金量。最后，电脑消费也占一定的比重。在针对大学生“有一定积蓄后，你最想购买的物品是什么”的调查中，电脑以超过50%的绝对优势胜出，显然，大学生是电脑最忠诚的消费群体。有些经济条件好的大学生拥有个人电脑已不是什么新鲜事，同时，许多高校计算机网络已经覆盖宿舍，在宿舍上网已成为时尚。大多数大学生上网为了查询信息、收发邮件、了解学术动态、联系工作，但也有相当一部分大学生迷恋网络游戏，经常一玩就是通宵。因此，上网费用成为大学生日常消费的一部分，每月上网费用平均为50~60元，最高的超过200元。

（三）休闲消费

随着家庭生活水平的提高和公共假期的增多，大学生纷纷渴望出去走走。旅游理所当然地成为见世面的好方式。旅游无限好，但要求的费用也不是所有学生都能承受的。旅游花费一般在100~1000元不等。因费用较高，平均每人一年一次左右而已。此外，电话拉近了人与人之间的距离。特别是随着手机的普及，为大学生打电话提供了方便，但也不知不觉地增加了他们的生活费用。同时，大学生的娱乐消费数额相当可观。看电影、KTV、开Party等娱乐活动也受到大学生的欢迎。另外，大学生不同程度的追星热潮也增加了他们的娱乐消费。

（四）人际交往消费

名目繁多的人情往来是很多大学生日常消费迈不过去的“坎”。现在高校流行请客吃饭，大家轮流坐庄。聚餐的理由五花八门：老同学来访、当选学生干部、拿奖学金、过生日等，都要请大家聚餐。甚至一些经济拮据的同学申请了奖学金，也得请大家吃一顿“意思意思”。一两百块钱一桌的宴席对一些大学生来说就是“家常便饭”。出手阔绰、动辄千元一桌的酒席也非罕见。此外，谈恋爱在大学校园里已经不算新鲜事儿，大学生的心理和生理渐趋成熟，谈恋爱已经成为一种大众行为，大学里比比皆是。然而，情侣们在卿卿我我、寻求浪漫的同时，为此付出的爱情账单也在节节攀升。

二、大学生消费的特点

（一）讲究实用

当代大学生的价值取向实用化。在实体化价值观念主导下的大学生消费自然显示出一个共同特征，就是大学生的基本消费带有浓厚的实用色彩。

现如今的大学校园里，英语四、六级词汇一类的书差不多人手一册，计算机、经济、法律等方面的考试用书也占据一席之地。这个结果与近年来日益升温的“考证热”不无关系。一名同学说道：“根本原因在于就业形势紧张，多一张证书就等于多一份保障。”此外，一些实用性较强的图书和娱乐休闲畅销图书也有相当数量的大学生读者群。求轻松、为休闲是大学生选择它们的主要原因。更为引人注目的是，在人才招聘现场，大学生人人备有求职“三件套”：制作精美的个人简历、价值不菲的手机、高贵典雅的文件包，平均花费在2000～3000元。求职的花费如此之高，让许多毕业生及家长感到负担沉重。大多数大学生都认为求职是人生中非常重要的一个“关卡”，虽然花钱的时候会心疼，但为了找到一份理想的工作，也在所不惜。

（二）注重个性

大学生消费个性化的表现是新型青年文化的显著特点。这种个性化也可以理解为时尚化和风格化，而不仅仅是传统的青年文化对个性和自我的刻意追求与表现。

大学生个性化消费增多是一种必然趋势。当前，中国社会经济飞速发展，各种新的消费品不断增多，流行文化时尚极速变化，足踏校园与社会两端的大学生对其耳濡目染，深受影响。有关调查结果显示，传统必需型比例呈明显下降趋势，时尚消费看涨。知识型消费，如购买书刊、学习资料、电子词典、个人电脑及考各种资格证书等的支出上涨较快。大学生新的消费结构表明，目前中国大学生更加注重追求精神消费。

（三）攀比性

大学生群体对先进的消费文化非常敏感，很容易受流行文化的影响，而且大学生与社会人士消费的横向比较必然导致消费观念的转变，其中不乏攀比消费和炫耀消费。

一些生活富裕的大学生花起钱来大手大脚，他们的行为会对其他家境一般的学生产生一定的压力。自尊心强的大学生受不了“己不如人”的感觉，他们会不自觉地紧追潮流，把消费抬得更高。当节约在高校成为难以启齿的话题时，不少贫困大学生“打肿脸充胖子”，借钱“包装”自己，负债消费尤为突出。

目前，高校里“贵族化”消费是以负债消费为轴心的。一些大学生不住学校的集体宿舍，而是出去租套间；手机、笔记本一应俱全，从头到脚名牌包裹。一打听，却绝非“豪门弟子”，乃是负债消费催生的“新新人类”。这样的学生在象牙塔里也并非凤毛麟角。

（四）差异性

在时下的大学校园，都有这样一个特殊群体，他们平时要紧张地学习，课余时间还得为学费、生计去奔波。在校园里，他们是大学生；在校园外，他们是

“打工族”。他们品尝了一般人所不知的酸甜苦辣。与此同时，校园里也活跃着这样一个特殊群体，他们的家庭情况比较好，喜欢花明天的钱过今天的生活，被称为“超前一族”。

根据家庭经济状况不同，大学生的来源可分为太富之家、小康之家、工薪阶层、困难生、特困生，其比例呈枣核状分布。虽然位于两端的人数不多，但如果足够“锋利”，完全可以将人“扎伤”。

与衣食无忧、受教育条件优越的城市学生竞争，大多来自山区、农村的贫困生显然处于弱势。不少来自偏远地区的贫困生由于受到经济困难、学习条件差等客观因素影响，社会适应能力较弱，入学后会出现学习起点低、对新环境适应困难等问题。贫困牵扯了他们较多的精力，造成更加沉重的身心负担，而且必须为获得收入而奔波。更让人痛惜的是，贫困生为了生存去打工而影响了学习，不仅与奖学金无缘，有的甚至使自己的学业陷入危机。

（五）追求时尚

随着校园生活的丰富多彩和社会时尚的影响，大学生们不再满足于传统的吃饱穿暖等基本需求，而是追求更流行、更时尚的东西。他们站在时代前沿，追新求异，唯恐落后于时代潮流。尽管他们不一定拥有，却能对许多知名品牌如数家珍。

为了追求时尚，一些学生舍弃自己的学习时间，通过做家教、到公司兼职等赚外快。女生对潮流的把握就更为准确而熟稔。“资生堂”的眼霜、“美宝莲”的睫毛膏、琳琅满目的小饰物是很多女生的必备之物。“用廉价化妆品，害怕被别人瞧不起”，这是一个大三女生的无奈之言。

三、理性消费

大学生在消费上出现无计划消费、消费结构不合理、攀比奢侈浪费等问题，与社会大环境的负面影响和家庭、学校教育缺乏正确引导有关。家长和学校应重视和引导大学生树立健康的消费观念，让他们学会科学理财。此外，对于大学生本身而言，为了在激烈竞争的社会中更好地生存和发展，就应该具备独立理财的能力。尤其是贫困大学生，生活上次于别人并不可耻，没有必要抬不起头来。其实，消费高与低本身都无可厚非，关键在于群体中的个人如何调整心理状态，以免受群体的影响。现实中，很多大学生抵挡不住高消费的诱惑，他可能活得很“青春”，却因为未被注入文化层面的价值意义而变得轻浮。大学生只有树立良好的价值观和消费观，人生才会走得更精彩。

直面网络

网络在大学生的闲暇生活中发挥了不可或缺的作用。首先，网络作为一种教育手段，丰富了教育内容，拓宽了教育途径，可以帮助大学生在一个宽广、自由的环境中积累知识，使大学生方便快捷地了解各种各样的现代科学知识和生活经验，以利于自身综合素质的提高；其次，网络能够使大学生进行多元的互动和交往，促进大学生相互之间的交流，同时也与广阔的社会进行有效的融合；最后，网络将进一步把地球变小，让全球沟通更便利，有助于大学生全球意识的形成。

就像任何新技术的运用在给我们带来便利的同时，也会给人类带来伦理道德上的困惑一样，网络不是洪水猛兽，但它却是一柄“双刃剑”。数字化时代，网络在给大学生带来积极影响的同时，也不可避免地给他们造成一些负面影响。

一、网络的“双刃性”

（一）对大学生世界观、人生观和价值观的影响

大学阶段是青年学生世界观和人生观形成的关键时期。大学生容易接受新事物、新观点，但由于缺乏经验与鉴别能力，良莠不分。面对开放性的、超国界的、全球性的、多元的网络文化，大学生的人生观、价值观都会受到来自不同国家的文化传统、思想观念、宗教信仰及生活方式等的冲击。

在互联网上，由于不同国家之间的文化传统、思想道德观念和生活方式大不相同，所以价值观冲击十分激烈。西方发达国家依靠极其雄厚的资金和先进的技术，对外输出大量信息，其中包括政治和文化理念。一些发达国家在网上借“民主问题”“人权问题”“宗教问题”来攻击我国的政治体制，竭力标榜其政治制度的合理与完善。西方价值观念和腐朽生活方式的影响无孔不入，造成大学生价值观念冲突的加剧，甚至导致大学生道德观念的失范。

此外，目前互联网已成为全球性的数字化王国。由于世界各国道德、法律规

定不同，在一些国家，赌博、同性恋、色情服务在一定范围内是合法的，大学生如果没有较高的鉴别是非能力和道德约束力，面对网络上的各种诱惑，就会难以抵御，其思想道德水平就会滑坡。同时，网络社会提供了独特的虚拟环境，任何一个大学生都可以以匿名的方式进行网络行为，而这种网络行为常常又得不到强有力的法律制约，但道德的约束也有限，这样就在网络上造就了无限制道德行为的“真空”，常常出现各种网络道德问题。在这种道德“真空”的环境下，网络在给大学生展示和提供一个高度开放的自由空间的同时，也对传统的伦理道德准则提出了挑战。同时，现实社会中大家熟悉的、一致认为的某些“游戏规则”也失去了效力，这就可能造成大学生道德意识与道德行为的失控。

（二）对大学生心理健康的影响

网络交流的随意性、隐匿性使大学生面对人格与交往情境双重分裂的环境和氛围，容易放任自己，逃避现实世界。一旦回到现实，就会感到备受束缚和限制，产生一种孤独感。严重者则逃避现实，整天沉溺于网络的虚拟世界中不能自拔，这极有可能扭曲大学生的人格，导致大学生一系列心理疾病的发生。

1．网络依赖。网络世界的虚拟性往往会使大学生网民产生一种特别“自由”的感觉和“为所欲为”的冲动，做出一些明显不恰当的行为。尤其是在心情不好时，有些大学生常常上网发“帖子”，招来许多网友共发牢骚，还相互安慰一番。久而久之，明明知道靠网络解决不了实际问题，但还沉溺其中不能自拔，从而产生一种强烈的满足感和快感，可以感觉到现实中感觉不到的“自信”，从而一头扎进这个虚拟世界中，成为“电子海洛因”的吸食者，并因而荒废了学业。

2．网络成瘾。一名学生这样描述自己的网络成瘾“症状”：“平日里无精打采，一上网就处于亢奋状态；一天不上网，手指便会发痒，把桌面当成键盘；每天虽然告诫自己不要“泡”网吧了，可一到傍晚，还是不由自主地打开电脑，一玩就玩到了凌晨，想停也停不下来。刚进大学时成绩还不错，后来‘红灯’越挂越多，差点被开除。学校最后同意让我试读一学期，爸妈为了管住我，甚至在学校附近租了房子住下来。”目前类似这样的网络成瘾症在高校的发病率正不断攀升。

调查发现，网络成瘾症与吸毒成瘾或酗酒者的表现类似：一接触因特网就兴奋异常，如果没有机会接触因特网就会网瘾难耐。虽然一天只有24小时，但是有些大学生每天“泡”在网吧里的时间多达14小时，这就是典型的网络成瘾者。“上网不是病，上多了会得病！”不同的是，网络成瘾症没有明显的生理病兆，只是心理上的依赖。同时，网瘾患者上网时间越长，越会情不自禁地想再上网，一旦不能上网，就会觉得十分痛苦。

3．网络抑郁。聊天室、BBS、电子邮件、网页作为大学生人际交往、思想交流的重要手段，对缓解心理紧张，释放学习、生活压力有积极作用。但网络的虚拟特征又使一部分大学生身陷其中不能自拔，出现正常的人际交流困难。

（三）对大学生人际交往的影响

大学阶段是人际交往能力和人际关系形成的重要时期。由于网络交往与传统的具有亲和感的人际交往大不相同，因此往往难以形成真实可信和安全的人际关系，终日与电脑终端打交道，缺乏直接的人际交往，易使大学生趋向于孤立、自私、冷漠和非社会化，在实际生活中，对他人幸福和社会发展漠不关心。

（四）对大学生学习方式的影响

网络代替了图书馆，使自主学习成为可能，这既是学习方式的重大改变，更是学习观念的重大改变，为大学生知识更新与调整自身的知识结构创造了有利的客观条件。但部分大学生识别能力较低，自制力不强，迷恋网络游戏，通宵达旦地“泡”在电脑前，既不按时上课，也不按时休息，学习成绩直线下降，出现了“上机像条龙，下机像条虫”的现状。因此，面对网络对大学生的冲击，大学生要正确认识和使用网络，养成良好的用脑与上网习惯，避免全盘接受不健康的、不客观的、不科学的信息。要学会区分纷繁复杂的网络信息，进行判断与筛选，从中找到对自身发展有益的、正确的信息，让网络为我所用。另外，要正确认识网络的负面作用，提高自己抵制污染的能力，自觉养成良好的上网习惯，限制上网时间，不沉溺于脱离现实的虚拟世界，使自己不仅成为计算机的使用者，更是计算机网络的建设者和真正的主人。

二、正确运用网络

大学生对网络的热情，是文化、科技、知识的吸引所致。网络心理问题的发生也是大学生在成长历程中所遭遇的激流和暗礁之一。然而，大学生在直面网络的同时，往往不能正确地把握自己，从而深陷网络泥潭不能自拔。因此，如何正确使用网络工具，走出网络心理误区，积极面对各种网络心理烦恼，是每个大学生在校期间必须解决的问题。只有把这个问题解决好了，大学生才能以健康的心态走进网络。

（一）应对挑战，培养正确心态

网络使用者必须客观地把握、评价网络媒体对其产生的影响，不过分迷恋网络媒体，这是对待网络的正确态度。网络人际交往应当是现实人际交往的适当补充，使人与人之间的联系更加紧密而不是更加疏远。但是，网上的虚假信息太多，这就要求我们树立良好的网络使用心态，增强辨别能力，不受各种非主流思想的影响，而应该以开放的、正常的心态来对待网络媒体的挑战。

（二）加强预防，防患于未然

面对网络文化的挑战，我们不能因噎废食、关闭网络、断绝交流，而应高度重视，防患于未然。在自己出现网络心理困扰征兆时，应积极采取措施，提醒自己正确地对待现实生活中的困难和矛盾，对周围事物保持清醒、客观的认识。

（三）面对诱惑，正确对待

一些自制力较弱的大学生往往出于好奇或冲动心理去刻意地寻找色情、暴力信息。这种色情信息对大学生的心理伤害极大。我们应该把自己的注意力从网络转移到其他感兴趣的事情上去，如听听音乐、看看电影、跳跳舞、打打球、找同学或朋友聚会等，以冲淡网络对自己的诱惑。

（四）加强网络道德自律的培养

当前，网络在给人们带来文明进步的同时，也有相当大的负面效应：垃圾邮件、色情传播、暴力恐怖、网上犯罪等，不一而足。上网时经常会听到颓废消极、不负责任的言论，直接影响大学生的认知、情感和心理。

首先，大学生对反动、色情、迷信的信息应自觉地不看、不听、不信。对这些精神“毒品”，不要抱着好奇、试试看的心理。因为一“吃”就会上瘾，一上瘾就会难以自拔。与其以后进“戒毒所”，不如一开始就抵制它。其次，大学生参与电脑娱乐和网络游戏时，要掌握好度。偶尔玩玩未尝不可，一旦沉迷其中，每日几小时、十几小时搭进去，就会荒废学业。

对大学生而言，网络是一把“双刃剑”，它既不是虚拟的伊甸园，也不是潘多拉的盒子。点击网络，文明与污染随着鼠标的移动而展现，既有灿烂的阳光，也有黑暗的角落。作为大学生，要提高自身的分辨力，自觉规范上网行为，培养良好的网络道德。在挖掘网络深层知识的同时，掌握其实际运用意义，利用网络作为自身腾飞的翅膀，而不是成为它的俘虏。

和谐人际

作为特殊群体的大学新生，在人际关系的类型上，存在业缘型、心理需求型、地域型、志趣型等；但不管是哪种类型，都应当注重人际交往中的原则和方法。

一、大学生人际交往的原则和方法

（一）人际交往的原则

1. 尊重原则。体现在尊重而不苛求他人。在处理人际关系过程中，技巧虽然是重要的，但最关键的是要懂得尊重他人。承认每个人的生活习惯和价值体系，尊重彼此的空间、习惯和隐私等，将会为良好的人际关系打下基础。

2. 诚信原则。欺骗和隐瞒可能会赢得一时的友谊，但在时间的考验中，一旦真相被对方发现，这对友谊的伤害则是致命的。

3. 宽容原则。大学生在非原则性问题上不必斤斤计较，如果没有宽容和大度的胸怀容忍他人的小毛病，那么就无法与他人很好地交往。但需要注意，宽容不代表不分是非，更不是软弱，而是自信和涵养的表现。

4. 互惠原则。它是指在交往中双方都有利可获，包括精神、物质等各方面。社会交换论告诉我们，人与人之间的交往，本质上是一种社会交换的过程，尽管这不同于市场上的物质交换，但所遵循的原则是一样的。作为大学生，应更多地强调精神上的互惠。

（二）人际交往的方法

1. 换位思考。这对于建立良好的人际关系很重要。经常站在对方的角度去理解和处理问题，一切就变得简单多了。一般来说，善于交往的人常常善于发现他人的价值，懂得“你要别人怎样待你，你就应怎样待人”，明白“己所不欲，勿施于人”。

2. 学习主动。在与同学交往过程中，建议做到“三主动”：主动与同学打招呼，主动与同学讲话，主动帮助别人。在帮助别人的时候，不要过于计较别人能不能、会不会报答你。心理学家发现，以帮助和相互帮助开端的人际关系，不仅容易确立良好的第一印象，而且可以迅速缩短人与人之间的心理距离，迅速建立起良好的人际关系。

3. 善用赞扬和批评。心理学家认为，赞扬能释放一个人身上的正能量，调动人的积极性；而与赞扬相反的是批评，不到万不得已时，最好不要自作聪明地批评别人。若批评是不可避免的，则应讲究批评的艺术，这是维护人际关系的重要策略。

4. 勇于承认自己的错误。它是人际关系的润滑剂。当人际关系产生障碍时，承认自己的小错误是明智之举。虽然承认自己的错误是一种自我否定，但是承认错误会使自己产生道德感的满足；另外，承认自己的错误是责任感的表现，对他人也具有心理感召力，在此情境中的人际僵局会因此被打破。

二、注意交往中的文明礼仪

良好的人际交往必须具备相应的文明礼仪。礼貌的语言、得体的着装、优雅的举止，既是一个人的内在修养、素质状况、文明程度的体现，也是一个人能否在社交场所赢得朋友的关键，同时也是大学生应当具备的文明素养。

文明礼仪是一种行为规范。它不是人生下来就会说、会用的，是通过长期的教育、训练和培养而形成的一种文明素养。作为大学生，更不能忽视对文明素养的训练和培养。

交往中的礼仪是人们在社会生活中处理人际关系并约束自己行为，以示尊重他人的准则。常见礼仪如下。

1. 守时。这不仅是大学生在人际交往中应遵守的礼节，也是现代人应具备的素质。参加各种活动或开会，应按照约定时间到达，一般以提前5分钟为宜。如因故迟到，应及时表示歉意；如因故不能参加，也应提前通知或请假。

2. 举止得当。举止要落落大方、端庄稳重，表情要自然诚恳、和蔼可亲。站立时，身子不歪靠一旁，不半坐在桌子或椅背上；坐时，腿不摇脚不跷；坐在沙发上时，不要摆出懒散的姿态。在公共场所，不要趴在桌子上、躺在沙发上；走路时，脚步要轻，遇急事可加快步伐，但不要慌张奔跑；两人行走时不搭肩搂背，多人行路时不要有意无意地排成队形；谈话时，手势不要过多，不要放声大笑或高声喊人；在教室、宿舍的楼道等公共场所及晚上熄灯后，应保持安静，不要高声喧哗，以免影响他人学习和休息。

3. 亲切问候。问候是非正式交谈，通常没有特定的意思，但它是交往中不可缺少的。平时，同学之间用点头微笑代替言语也是一种友好的表示。但是现在的高等学校里，有一部分学生却忽视上述礼节：同学相遇时冷眼相对，犹如路人；遇见老师时，要么视而不见，要么低头躲过。这些都是与大学生身份不相符合的行为。

4. 礼貌通报。到他人住宅或同学寝室或办公室拜访、办事前，一定要有礼貌地通报。有门铃时按一短声，无门铃时就礼貌地敲门。不可透过缝隙窥探有没有人在，也不可在门口高声呼叫；门虚掩或开着时，也应敲一两下后再问“我可以进来吗?”

5. 正确称呼。在比较正式的场合，称呼是否得体，直接影响到交往的愉快和融洽与否。称呼语有尊称和泛称之分，它随着说话的场合及说话者之间相互关系的变化而变化。

6. 尊重风俗习惯。不同民族有其特殊的风俗习惯和礼节，交往中都应多加了解并给予尊重。到一个新环境或陌生的地方参加活动，或外出旅游，应多了解、多观察，不懂或不会做的事可仿效别人，做到入境问禁、入乡随俗，以免闹出误会和笑话，或引起不必要的矛盾和纠纷。现在有很多院校面向全国招生，学生来自五湖四海，风俗习惯各异，因此，要学会尊重他人的风俗习惯，不可一切都按照自己的意愿做事，甚至讥笑别人的风俗习惯。

7. 学会道歉。人际交往中，相互之间难免发生矛盾，出现失误或过失、过错，此时需要及时道歉。诚心道歉可以大事化小、小事化了，甚至化干戈为玉帛，不仅可以弥补破裂了的关系，而且可以增进感情，同时是一个人文明素质、优雅风度的直接体现。

8. 掌握拒绝的艺术。在交往中，不论同学之间，还是异性朋友之间，不可能时时事事都一致。若在观念或行为上不能一致，则应委婉地、幽默地拒绝。

9. 讲究电话文明。当今大学生使用手机已不是新鲜事，手机已经相当普及。电话沟通时，由于彼此不见面，不能获得对方表情、动作、仪表所传达的可视信息，因此说话的语气、语调在电话沟通中的作用更大。对方从你说话的态度中，就可以进行性格特点、外貌特征和文明水平的判断，也可以通过你的声音、态度和言语形成潜在印象。因此，打电话时，切不可忽视自己的“电话形象”。我们应当从接打电话的平凡小事中，培养自己做人与处世的风范，树立自己良好的人际形象。此外，还应当注意一些特殊规范。在参加会见、会谈、开会、上课、观演出或看电影时，应将手机设为振动状态或关机。

三、人际关系及其应对方法

（一）与老师的关系

老师与学生，是大学校园里的两大基本群体。师生关系如何，直接影响到学生在学校能否健康地学习成长，并在很大程度上决定了学校能不能对学生的身心施加符合社会要求的影响。在大学里，辅导员一个人要管理很多个班级，故而与学生见面的次数少于高中时期学生与班主任的见面机会，一旦到了大学高年级，与老师见面的机会更少，师生关系将变得更加离散。在学习和生活上，大学老师只能把握大的方向，具体的工作大多由学生自己或班干部来组织完成。为了能够较好地适应师生之间这种新型的关系，大学新生要学会自己来确定学习目标，自己制订学习计划，自己安排学习时间，自己选课，自己检查学习效果，并且主动找教师征询意见，请教师帮助解决困难，定期向教师汇报学习状况，提出自己的计划，并与教师共同探讨。

（二）与同学的关系

同学之间的关系是大学生人际关系网的一个重要纽带，也是大学生人际交往的主要对象。从新生入学的那天起，同学之间朝夕相处、频繁接触的关系就拉开了帷幕。在大学期间能否处理好同学之间的关系，对于大学生能否积极、健康、和谐地生活和发展起到重要的作用。

在大学生活中，由于同学来自五湖四海，每个人有各自的生活习惯、性格、风俗习惯等。有些同学缺少与同学之间的交流，没有建立和谐的人际关系，在情感上感到孤独，或者常常被一些误解所包围。为此，大学生应注意以下几点。第一，要把自己放在一个适当的位置。要恰如其分地评价自己，既要看到自己的优点和长处，也要看到自己的弱点和不足。第二，要努力去认识和理解周围的同学。在与同学交往中，知人是不可缺少的，对同学的了解太少、理解不够，是难以结成良好的同学关系的。第三，要坦诚地与同学交往和交流。只有坦率诚实、平等待人，才能打开彼此的心扉，建立良好的同学关系。第四，要用开阔的胸襟去包容别人。“金无足赤，人无完人”，周围的同学总是会有这样或那样的缺点和不足的，要能容忍别人的过失，宽以待人。

（三）与父母的关系

进入大学后，子女和父母的关系就开始发生了变化，情感联系开始减弱，逐渐摆脱对父母的依从，独立的倾向越来越强。

这一时期子女和父母关系的一个重要特点是子女与父母的感情不平衡。一方面，父母的感情明显地偏向于子女；另一方面，大学生对家庭的离心倾向进一步增强，他们希望摆脱对父母的依赖，按照自己的意志行事。因此，大学生应该注意调适同父母感情上的关系。调适的关键是尊重父母、关心父母、体谅父母。应该主动同父母谈谈自己的学习和学校的生活，常问父母的健康、工作和精神生活。同时，在与父母关系上，大学生不能一味地要求和索取，也要适当地给予。这样，大学生同父母的关系才能形成良性循环、感情更加融洽，而且不断地更新和发展。

（四）与室友的关系

在大学里，对你影响最深的就是和你朝夕相处的室友。大学宿舍的成员来自国内、省内的不同地方，不同的家庭背景，彼此之间生活习惯的不同，可能会带来相互的误解或摩擦，致使宿舍关系僵硬。怎样才能处理好这类问题，理顺同宿舍同学间的关系呢？

第一，要多找自己身上存在的问题及对宿舍人际关系造成的影响。第二，争取多沟通、多交流。不要因为大家有些误解而避免交流和沟通，而应主动与大家沟通，参加大家的讨论和宿舍集体活动。第三，相互理解和包容。一个新时代的大学生应海纳百川，多吸收别人的优点；对他人的缺点，应多加理解和包容。平时对一些生活中出现的鸡毛蒜皮的纠纷，不要耿耿于怀，该原谅的原谅，该和解的和解。第四，真诚地对待他人。俗话说：“种瓜得瓜，种豆得豆。”只有播种真诚，展现真实的自我，才会收获别人的真诚。第五，相互寻找共同点，适度坚持个性。第六，发自内心地赞美他人。学会欣赏赞美他人，每天至少说一句让人感觉舒服的话，比如“你太棒了！”“你这个发型很好看！”这种赞美的话语会给被赞美者带来快乐，引起积极的情绪反应。情绪具有传染性，把快乐传送给周围的人，会给周围所有人带来快乐。

（五）与异性朋友的关系

异性交往是社会生活的重要方面，同时也是反映社会文明程度的标志。处于青年时期的大学生，由于生理发育得逐渐成熟，性意识的发展觉醒，加之社会环境的刺激与影响，因此产生对异性的好奇和好感，产生同异性交往的强烈愿望，这是一种正常的现象。

在中学时期，由于缺乏与异性交往的适当时间和场所，再加上家长和教师对中学生之间的异性交往持一种否定的态度，所以中学生的异性交往比较少。到大学阶段，这种情况发生了很大的变化，如住校学习的空间便利，学习时间上的灵活性，家长和教师对大学生异性交往持宽容的态度，更重要的是，大学生自我意识的进一步发展，使大学生之间的异性交往活跃起来。当然，在异性之间的交往除了遵循一般的人际交往原则外，还应该注意以下原则。

首先，要端正态度，培养健康的交往知识，淡化对对方性别的意识。思无邪，交往自然就会落落大方。其次，要广泛交往，避免个别接触，交往程度宜浅不宜深。广泛接触，便于认识、了解更多的异性，对异性有个总体的把握。最后，交往的关系要疏而不远、有礼有节，把握两个人交往的距离，避免让彼此感到过于亲密和引起情绪波动的接触。如果在交往中发现对方苗头不对，要调整自己的态度，使双方的交往恢复到波澜不惊、心静如水的状态。

只要把握与异性交往的原则，真诚、大方、友善、相互尊重，便能处理好与异性的关系，以自身良好的修养和人品赢得异性的尊重与友情。

健康恋爱

在当今大学校园，恋爱已经成为大学生不可回避的问题。正确认识和对待恋爱，走出恋爱误区，是青年大学生道德修养和人才修养不可或缺的一部分。

就多数大学生而言，大学阶段，他们的思想还不够成熟，而且他们缺乏实际生活经验，对爱情、婚姻、家庭关系及社会的认识还需要一个过程，在择偶问题上极易出现偏差，常常存在着理想化、过于浪漫等倾向。恋爱中，往往是激情多于理智，感情波折比较大，容易因感情问题而难以自拔。顺利时，一味地沉湎于卿卿我我、无心学业；不顺利时，就反目相视甚至厌世轻生，从而影响正常的学业和生活。另外，受各种社会因素的影响和制约，大学生恋爱，最终走向婚姻的实际上并不是很多，恋爱已成为影响许多大学生学业、生活的重要因素。为此，大学生要建立健康的恋爱观。

一、走出恋爱误区

爱神是公平的，但每个人爱的经历和结果却是迥然不同的：有的人因为爱而获得新生，有的人因为坠入爱河而不能自拔，有的人真正享受爱的甜蜜，有的人却凄凉地倒在爱的门外呻吟。因此，为了品尝“爱的甘露”，避免喝“爱的苦酒”，大学生必须走出恋爱误区。

1. 从众的恋爱。有些学生谈恋爱不是为了寻找知音，而是看到身边的同学出双入对亲密无间的言谈举止，开始羡慕和向往，从而跃跃欲试。一些本来不打算谈恋爱的同学，就这样在恋爱风气的推拥下，也模仿别人，开始找一个朋友。这种盲目跟从、缺乏自主性的恋爱，来也匆匆，去也匆匆，成功率并不高。

2. 失真的恋爱。有些大学生一旦双方确立恋爱关系，恋爱在短期内便达到高潮，出现一种只要和对方在一起，一切都总是美好的乐观态度，把对方偶像化，把对方的缺点当作优点，认为对方是天底下最完美的人，完全失去了自我。一旦失恋，往往心灰意冷、一蹶不振，甚至导致意想不到的悲剧发生。

3．一见钟情的恋情。有些大学生仅以第一印象为依据判断爱情，即所谓的一见钟情。交往中获得对方的第一印象主要是通过对方的表情、姿态、身体、仪表、年龄、服装等方面的印象，这样的结果往往是演出一幕幕爱情的悲剧。

4．爱情至上的恋爱。爱犹如一杯令人激动和陶醉的美酒，但是，再香醇的酒，饮用起来也要有个限度，不可以过量。而有些大学生，崇奉爱情至上的观念，两个人整天卿卿我我，陶醉于爱情之中，放弃学习，放弃工作，生活空虚，把爱情当作生活唯一的目标，结果不仅得不到爱情的甘露，最终只能毁灭双方的前程。

5．冲动的恋爱。随着社会的发展，西方的各种思潮在大学生中不断渗透和传播，在大学生队伍中存在着一些“不在乎天长地久，只在乎曾经拥有”的思想观念，对恋爱完全没有责任心，甚至存在崇尚纵欲主义，表现出不道德的性行为，如非法同居等。这些行为是法律和道德所不容许的，也与当代大学生的形象格格不入。

二、培养正确的恋爱观

大学阶段是大学生人生观、价值观和世界观形成的关键时期，所以大学生要树立正确的恋爱观，正确地对待恋爱。

1．要珍惜爱。唯有懂得珍爱的人才会得到真爱，才有资格品尝爱的甘露。在大学时，每个人都来自不同的地方，两个人既然有缘可以从不认识到认识，并在认识和相知的基础上萌发爱情，就应该好好地珍惜对方，不要去伤害甚至玩弄别人的感情。

2．要懂得怎样去爱。爱一个人要发自肺腑、情不自禁地去关心、爱护、理解、支持和尊重对方，而不是占有、控制对方。要与对方同甘共苦、携手向前，共同悉心经营。要在学业上互帮互助、你追我赶，在生活中互相关心、健康成长；而不能是纯粹地吃喝、玩乐，既浪费金钱，又浪费时间和精力。

3．要正确对待恋爱的挫折。恋爱中遇到挫折时，应采取以下处理办法：一要重新振作起来，把精力和时间花在自己的追求和理想上；不能因为失恋而失志，放弃自己的理想和追求、破罐子破摔，否则将会一无所获。二要学会适度地遗忘，自我反省。失恋之后，若总是沉湎于回忆过去之中，你将永远无法走出昨日的阴影，也看不见今日的蓝天。学会适度的遗忘，会减少你受伤的程度，卸下你身上沉重的精神枷锁，缩短你重新振作的时间。同时，适当的自我反省也可以避免在将来的感情生活中出现类似的错误，因为失去爱才会更懂得爱。三要转移注意力，调整重心。感情是生活中重要的组成部分，但不是生活的全部。除了爱情，等待我们去做的事情还很多。在失恋的时候，如果脑子里总是想着失恋，便会越想越复杂、越想越痛苦。试着转移注意力，把更多的时间和精力投入到学习、工作上，这样才能在失恋的迷茫中找回自我，创造一个全新的自我。四要充满自信，着眼未来。失恋者容易在感情上失去自信，不敢再涉及感情，甚至遭受失恋的打击后，开始怀疑自己其他方面的能力，这是非常不可取的。人生不可能十全十美，失恋只不过是人生长河中可能遭遇的无数挫折中的一种。没有必要封闭自己的心灵，更没有必要由此全盘否定自己。

三、培养健康的爱情

（一）健康爱情的特征

1. 高尚性和互爱性。爱情是高尚的。对爱情的追求就是一种对美的追求，是一种高层次的精神享受；同时爱情是以互爱为基础的，是双方的互相倾慕，不仅仅是为了满足生理上的需求。

2. 转移性和排他性。真正的爱情是专一的、排他的。三角恋或多角恋以及频繁换恋爱对象的现象是违反道德的，是对自己和他人感情不负责任的行为。

3. 持久性。爱情不是一时的热情，不是一时的感情冲动，不是一时的精神快餐，而是一种天长地久的情感，能够经得起时空和艰苦的考验。那种朝三暮四、变化莫测的爱情，不是真正的爱情。

（二）健康恋爱观的培养

1. 注重心理相容。心理相容有两层含义：一是指恋爱双方品质、情操、价值取向的一致性；二是指能容许对方与自己的差异。恋爱阶段注重对方的人品、情操、趣味，注重双方的共同价值追求，不仅是维系恋爱关系的基础，也是恋爱道德的显著标志。当然，在具体选择情侣时，也会考虑其他因素，如外表、毕业去向、经济状况等，但应把心理相容放在首位。此外，恋爱双方毕竟是两个独立的个体，只要双方能够相互接纳，并将彼此的差异看作取长补短的因素，那么差异在一定程度上能给爱情带来活力。

2. 有责任感，勇于担当。男女双方一旦确立了恋爱关系，就有责任共同承担这一关系所包含的各种义务。爱是一种给予，它蕴藏着对对方强烈的责任感，它要求恋爱双方的所作所为都必须向对方负责，这也是恋爱道德最突出的表现。

3. 摆正爱情与学业的关系。爱情是人生价值的重要部分，但不是人生价值的全部体现。鲁迅先生曾告诫青年人，不能只为了爱情而将人生要义全盘疏忽了。大学时期是大学生人格全面发展的重要时期，也是夯实专业基础的时期。学习是大学生的首要任务，应当把主要精力放在学习上。学做人，学本事，习得一技之长，培养多种能力，求得学习和人格的全面发展，既是将来立足社会、事业成功的基础，也是将来爱情、婚姻美满幸福的必须保证。

（三）养成健康文明的恋爱行为

在恋爱过程中，高雅、文明的行为方式能给双方带来愉悦的心理效应，低级、粗俗的行为则往往起着情感分离的消极心理效果。因此，大学生要学会培养健康文明的恋爱行为。

1. 平等相待。不拿自己的长处去比对方的不足，借以抬高自己；不要想方设法考验对方或摆架子，这样会影响双方感情，因为每个人都是有自尊心的。

2. 言谈要高雅，讲究语言美。交谈中，要真诚坦率，不要为显示自己而装腔作势，矫揉造作；否则会令人生厌，不利于感情的发展。

3. 行为要大方。恋爱中的男女会逐渐从一时的羞涩与紧张走向自然大方的交往，不过这期间尤其要注意行为举止的检点，亲昵行为的过早表达只会适得其反。亲昵行为要高雅，避免粗俗化。粗俗鲁莽的亲昵动作有损于爱情的纯洁与尊严，有害于恋爱者的心理健康，对他人的影响也不好。

4. 善于用理智控制感情。对恋爱中的性冲动，一方面要注意克制和调节，坚决拒绝婚前性行为，保持性纯洁；另一方面要注意转移和升华，参加各种文体活动，广泛与同学交往，与恋人多谈谈学习和理想，把恋爱行为限制在社会道德规范内，使爱情沿着健康方向发展。

5. 重视性纯洁的价值。性纯洁能使人保持良知与健康的心理，使人有发展人格的充分自由，并维护了求学自由和努力追求事业生涯的自由。性纯洁所造就的人格特征和习惯，如忠于理想、有自律性、克制、毅力等，为将来的婚姻乃至整个人生积淀了良好的基础。

调适心理

对于大多数人而言，大学生活犹如象牙塔般令人向往，然而，当大学生活初步安顿下来，正常的学习生活开始之后，最初的惊奇与激情逐渐褪去，更多的是要面临一段艰难的心理适应期。同学们会发现，生活往往并不像想象的那般梦幻，有很多实际的问题要去面对，有很多心理的落差要去调适。只有不断地积极地调适心理，大学生才能逐渐成长，走向成熟。

一、学会调控情绪，排除愤怒情绪

“喜怒悲思忧恐惊”是我国古代对情绪的概括。情绪实际上是人对现实事物所持的一种态度，是一种主观体验。我们生活在这个世界上，都会有这样或那样的情绪：有成功的喜悦，也有失败的沮丧；有顺境中的快乐，也有逆境中的懊恼。我们的情绪伴随着每天的活动发生着。有时轻松，有时焦虑；有时乐观，有时忧愁。人的生理状态、外部环境、需求、对生活中事件的不同认知与评价等方面都会影响我们的情绪状态。

（一）大学生情绪的特点

1. 丰富性。从生理角度而言，大学生正处于心理趋向成熟期，有很多梦想，情绪也相当丰富，如悲哀、遗憾、失望、难过、绝望等都可能在年轻的大学生身上表现出来，并且强度不一；从自我意识的发展上看，大学生的自我尊重的需要极为强烈，易产生自卑、自负等情绪；从社交上看，大学生交际范围比中学时代更广，与同学、师长和朋友之间的情感更复杂、更细腻，因此情绪体验的层面也就更多。

2. 不稳定性。虽然大学生的认知水平有了一定的提高，对自己的情绪有了一定的控制能力，但同成年人相比，由于自我认知和心理发展还未完全成熟，大学生的情绪起伏较大，甚至带有明显的两极化的特征。胜利时得意忘形，挫折时垂头丧气；欢喜时花草皆笑，悲伤时草木流泪。有的学生的情绪就像波动的曲线一样，忽高忽低。另外，在时代发展迅速变化的背景下，新旧价值观的更替、种种复杂的社会现象更容易使大学生们感到困惑或迷茫，造成情绪的困扰和波动。

3. 冲动性。美国心理学家霍尔称青年期是“蒙昧时代”向“文明时代”演化的过滤期，是“狂风暴雨”时期。随着认知能力的提升，大学生在一定程度上能控制自己的情绪，但由于青年学生的兴趣广泛，对外界事物较为敏感，加之年轻气盛和从众心理，在许多情况下，情绪易爆发，带有很大的冲动性。

4. 阶段性。大学阶段，由于年级不同，培养目标和重点不同，教育方式和课程设置有所区别，对各年级学生心理发展的要求也不同，也使大学生在情绪上总体呈现出阶段性。大学新生所面临的是环境适应、学习适应、人际适应等以适应性为主的问题；而中间年级的学生更多的是侧重于人格完善、人生目标的设定、自我意识的进一步成长等更深层次问题的思考；到了即将毕业时，学生将面临毕业论文、择业等多方面的重大问题，压力大，情绪波动也大，体现出不同的情绪状态。

5. 内稳性。大学生对于外界刺激反应迅速敏感，与成年人相比，更外露、更直接；但比起中小学生，大学生则更会隐藏或抑制自己的真实情感，表现出内隐、含蓄的一面。这是由于随着大学生自制力逐渐增强，以及思维的独立性和自尊心的强化，他们情绪的外在表现和内心的体验并不总是一致，所以有时会表现得深藏不露。

（二）大学生情绪的自我管理

稳定而良好的情绪状态会使人心情开朗、精力充沛，对生活充满自信，对身体状态的自我感受是良好的、舒适的。因此，大学生要做到自我控制，克服情绪的盲点；自我接纳，保持快乐的心情；自我调节，处理负性的情绪。要注意消除本能的消极的不良情绪，及时告诫和提醒自己制怒，接受他人的劝解。同时可以积极地开展自我娱乐活动，帮助自己振奋精神、去除烦恼、保持愉快的心境，从而维护和保持心理健康。

二、培养乐观的心态，提高抗挫折能力

对大学生而言，挫折是打击，更是磨炼和成长，是成功人生的必经之路。失败和成功的经验一样可贵，一样丰富着人生，丰富着人的内涵。如果接纳失败能像接纳成功一样坦然，那么大学生将能更好地走向成熟。

（一）产生挫折感的原因

1. 动机强度。挫折的产生与否和个体的需要、动机等因素密切相关。动机产生之后，可能遭遇到的结果有四种：第一，无须特别努力即可达到目标；第二，目标可能受到阻碍或延迟，但最终可达到；第三，正在进行之中的目标发生

转移；第四，行为受到干扰和阻碍，无法达到目标，个体感到挫折、沮丧、失意。只有第四种情况是挫折。一般来说，需要越迫切、动机越强烈，受挫后的挫折感就越强。

2. 自我期望值。对任何事物的自我期望与现实都可能有一定的差距，如果不从实际出发，只考虑主观愿望，人为拉大两者之间的距离，就会产生挫折感。表现为三种情况：期望值绝对化——自己只能成功，不能失败。有的学生将生活中的失恋、学业中的失利等看作不应当发生的，认为大学生活应当是圆满而理想的，因而缺乏足够的心理准备，当遭受失败与挫折时，变得束手无策、痛苦不堪。过分概括化——以偏概全，只见树木不见森林，即使是喜忧参半的事情，看到的也只是消极的一面。例如，一次评优失利，就认为整个评优体系有问题，从而只看到消极的一面，看不到积极的一面。无限夸大后果——有些人遇到一点小挫折，就把后果想象得非常糟糕、可怕。无限夸大的结果是使人越想越消沉，情绪越来越恶劣，最后难以自拔。例如，一次考试失利，就对自己全面否定，否定自己的学习能力，然后无限延伸：学业不佳，也就不能有好工作；如果没有好工作，就没有好的前途；等等。

3. 个人抱负水平。抱负水平是指按照一个人对自己所要达到目标规定的标准。规定的标准高，即抱负水平高；规定的标准低，即抱负水平低。抱负水平高的人比抱负水平低的人易产生挫折感。例如常遇到这样的情况：甲、乙、丙三名同学考试都得了 80 分，其中丙的抱负水平最高，希望自己能考 100 分，80 分显然离期望值有差距，所以丙感到失望；而乙次之，因为他感觉与自己预料的差不多；甲的抱负水平最低，他期望自己达到 70 分就够了，因此对于 80 分甲感到非常满意。可见，不同的抱负水平决定了个体对挫折的感受程度也不同。

4. 个人容忍力。它是人们遇到挫折时适应能力的差别。个人容忍力不同，人们对挫折感受的程度也不同。有的人能忍受严重挫折，毫不灰心丧气；有的人遇到轻微的挫折，就会意志消沉；有的人能够忍受别人的侮辱，但面对环境的障碍却会焦虑不安、灰心丧气。心理学研究结果证明：人对挫折的容忍力受到人的胜利条件、健康状况、个性特征、过去挫折的社会经验、个体对挫折的主观判断、对挫折质量的思想准备等因素的影响。

（二）提高大学生挫折承受能力的方法

1. 在挫折中调节自我抱负水平。一般而言，自我抱负水平直接影响个人的学习和生活。一个抱负水平较高的人，往往对自己的要求也较高，因而其学习、工作的效率也就较好；一个抱负水平低的人，对自己的要求也较低，缺乏积极性、主动性，因而其学习、工作的效果也就较差。但是，个人的自我抱负水平必须建立在对自己的实际能力正确认知的基础之上，如果一个人的自我抱负水平总是高于自己的实际能力，那就很难达到预期的目标，很容易遭受挫折。因此，大学生必须学会根据自己的实际能力设定生活中的目标，调整自我抱负水平，并在前进中及时调整自己的目标。如果在目标实施过程中发现自己设定的目标不切实际，前进受阻，就要及时调整目标，以便继续前进；对那些远大的目标，要把它分解成中期、近期和当前目标，改进方式或方法。

2. 建立挫折的合理归因。在生活中，人们对行为的成功与失败进行归因是一件很平常的事，然而，在这一过程中形成的归因倾向则对人的心理承受力有很大的影响。心理学研究结果表明，在归因中，有些人倾向于认为“外部原因”是主导因素，即复杂且难以预料的外在力量是主宰行为的原因。如一个学生认为自己成绩不好主要是由于教师教学水平或者考卷难度太大方面的原因。有些人则倾向于“内归因”，即认为自身的努力、能力是影响事情发展与行为结果的主要原因。例如，一个学生认为自己成绩不好是由于学习不够努力造成的。一般来说，进行内归因的学生，对自己的行为与学习有更多的自我责任定向与积极态度；但是从对失败的归因方面来看，由于他们倾向于把原因归于主观因素，就容易自我埋怨、自我责备。如果这种自责、悔恨过多，就会给他们带来挫折感和心理损伤。其次要学会合理地归因，避免过多自责带来的挫折感。再次要积极采取措施，主动改变挫折情境因素，从而有效地应对挫折。例如，在学习过程中发现最近学习效率不高，通过原因分析之后，在解决内在问题的同时，可以尝试改变学习地点、学习时间，或改变学习科目的顺序、学习结构等，从而避免学习效率不高给自己带来的压力和困扰。

3. 在挫折中运用积极的心态和进行正确的自我评价。心态决定命运。事物都有两面性，关键在于怎么看待它们。一个人面对失败挫折所持的心态常常决定他一生的命运。积极的心态有助于人们克服困难，使人看到希望，保持旺盛的斗志；消极的心态使人沮丧、失望，对生活和人生充满抱怨，自我封闭，限制和扼杀了自己的潜能。当大学生们能根据自己的学习要求、成长要求，恰当地分析自身的长处和不足，对自己的不足有充分的理解时，才能做到扬长避短、取长补短，实现自我价值。例如，某师范类学生表达能力不好，很容易给自己带来压力和挫折困扰，如扬长避短，则是改变专业；如取长补短，则是锻炼口才。

4. 提高挫折认知层次。心理研究结果表明：一个人越是能够获得与挫折事件相关的信息，就越能够有效地处理它；越是参加到挫折情境中去，就越能够有效地应对这种情境。可见，个体对挫折的反应和承受能力不仅取决于挫折情境本身，更重要的是取决于其对挫折的认知。既然挫折是社会生活的组成部分，是不可避免的人生经历，大学生就应该正确地认识挫折、战胜挫折，并把挫折作为成功的阶梯。

5. 构建应对挫折的心理防卫机制。有位教育学家说过：“只有让孩子体验寒冷、体验孤独，才能让孩子在承受挫折的同时，激发他们如何解决问题、克服困难的能力。只有这个过程得到强化以后，才能有利于孩子健康地成长。”因而，构建成熟的挫折应对心理防卫机制至关重要。

受挫后的心理防卫机制有很多，但有利于大学生成长的积极的心理机制表现为升华、补偿、文饰、幽默等。升华的心理防卫机制能使大学生在遭遇挫折后，把内心痛苦化为一种动力，转而投入到有益的生活学习中，这无疑是人们在挫折后的最佳应用。补偿、文饰、幽默等心理防卫机制能使大学生获得平衡心理，保持自尊，减轻内心的痛苦和焦虑，因而也不失为受挫后较理想的心理防卫方式。另外，合理的情绪宣泄也是缓解大学生受挫后心理紧张和焦虑、保持其心理健康的有效机制。总之，构建成熟的心理防卫机制，不仅有助于大学生提高自身的心理健康水平，也有助于自信心的培养和意志力的磨炼。

三、正确评价自我，建立和谐的人际关系

大学生不仅要懂得怎样去评价别人，而且要学会对自己的思维、意志、个性等进行评价，了解自身蕴藏的各种积极因素，同时也发现自身的某些弱点。如果不能正确、客观、公正、全面、发展地看待自我，保持心理与行为表现的和谐统一，就有可能造成极度紧张的人际关系。心理学研究结果表明，一个人与他人一起处在挫折压力中时，可以降低消极情绪体验。因此，大学生在面对挫折时，除了积极改变自我之外，还应学会交往，与他人建立良好的人际关系，这对其压力的缓解也是很有帮助的。交往是人们为了交流思想和感情而彼此之间相互作用的过程，它是人际关系互动过程中相互了解、相互依赖，形成稳定的心理联系，满足人们的感情需要。同时，由交往形成的人际关系又可以满足人的归属、情谊、认可等社会性需求。因此，学会交往，建立良好的人际关系，是提高大学生应对挫折能力的有效手段。

四、学会自我激励，立志成才

“激励”是一种精神力量或状态，能起到加强、激发和推动作用，并指导和引导指向目标。简而言之，激励就是激发鼓励，调动人的积极性、主动性和创造性。心理学研究发现，一个人如果没有受到激励，那么他仅能发挥其能力的20%～30%；如果受到正确而充分的激励，其能力将发挥80%～90%。传统的激励和奖励大都属于外在激励，它们表现为控制反馈模式，并不唤醒人们的内在激

励，它们是通过控制进行激励的，而不是通过唤醒自我和激发自控意识。大学生在学校里，除了接受大学老师进行的励志教育外，还应该充分地进行自我激励。自我激励有以下几种方式。

（一）远景激励

用远景做激励，就会触动每一个人志当存高远，目标越高，动力越足。部分青年之所以心灵日渐贫瘠、空虚和憔悴，正是因为他们没有远景，没有激情，内心孤寂。因此，每一名大学生都要充分发掘自身的期待动力，勇敢地去追求理想、追求成功。

（二）动机激励

人的动机心理主要包括亲和动机、权力动机和成就动机等。成就动机往往起主导作用。成就动机强的人，对成功感到骄傲，对失败却不那么沮丧。他们的情绪积极健康，敢于大胆追求，对未来成功希望的估计比较高。而成就动机弱的人则相反，他们对成功没有多大的追求，却非常害怕失败，思想负担重，焦虑程度高，心情压抑，对未来成功希望的估计偏低。追求成功能够使人积极进取，乐学好学，学习效果也好；回避失败会使人忧心忡忡、焦虑压抑、消极被动、怕学厌学，学习效果也不好。因此，大学生应该以学业进步、创业成才为奋斗目标，而不能以成绩、证书为学习目的，要努力提高自己的成就动机。

（三）兴趣激励

兴趣是最好的老师，是成长的一种内在动力。如何激发自身的学习兴趣呢？首先是用长。根据自己的思维长项来寻找自己的学习定位和创造定位。其次是寻弱。分析当前的薄弱环节，从而找到自己学习和创造的突破点。再次是聚焦。贝索是爱因斯坦的朋友，被誉为“相对论的助产士”。他知识渊博、思维敏捷，但是他一辈子也没有什么建树。为什么？因为他的兴趣过于分散，没有将知识与能力聚焦。最后是应用。这就要求我们不仅在学习某一种知识时，要时刻考虑它最大的价值创造力是什么，而且在学习之前，要考虑到如何从最大需求的角度去选择最适合学习的领域。

（四）化压力为动力

当前，大学生面临各种压力，应该积极地化压力为动力，拥有充实而美好的精神生活。第一，要用心去体会生活的意义。心理学家傅兰克认为：作为一个人生活的基本要件，即在于了解并坚守生活中的责任，能够对自己和他人负责地生活，就是有意义地生活；一个人即使在毫无压力下生活，也不会感到满足，人们只有在面对问题和解决问题的责任中，才会感到满足与充实，生活才有意义。第二，确定一个对自我有激励性的合适目标。第三，合理安排生活任务，做到有条不紊。第四，运用良好的心理防御机制，如抵消、合理化、升华、幽默等。第五，制造欢乐的气氛，体验主观幸福感。第六，培养“压弹”素质。“压弹”原本是物理学的概念，泛指物体受压时的反弹。在心理学中，则是指个人面对生活逆境、创伤、威胁及其他重大压力的良好适应，也是个人面对生活压力和挫折的反弹能力。

（五）精心品味励志佳作

知识给人以力量，给人以智慧，给人以启迪，给人以素养。有选择地阅读励志佳作，将是这个时代青年享用不尽的精神盛宴。如《做最好的自己》《智慧背囊》《狼图腾》《假如给我三天光明》《哈佛女孩刘亦婷》《心灵鸡汤系列》等，充满青春、活泼、真挚与真情，充满着关爱、激情、智慧与哲理。此外，还有记诵校训，聆听杰出青年事迹报告、成功人士专题报告，记住励志故事、励志语句等，并作为座右铭，享受成长的喜悦，促使精神生活更加充实与美好。

投身实践

社会实践是大学生认识社会、了解社会、服务社会的一条有效途径，是大学生成才的必由之路，是培养适应社会主义市场经济新型人才的重要手段，是大学生将理论知识运用于实践的平台。

大学生要充分利用课余时间参加各种社会实践，在实践中不断磨炼意志、提高思想意识、培养创造精神、增强能力素质、养成健康心理；在实践中养成劳动的习惯、体验劳动的乐趣、认识劳动的意义，增强社会责任感，激发学习热情。

一、大学生投身社会实践的意义

2005 年，中宣部、教育部、中央文明办、共青团中央联合出台的《关于进一步加强和改进大学生社会实践的意见》指出，理论联系实际是党的优良传统和作风，教育与生产劳动、社会实践相结合是大学生思想政治教育的根本原则。

（一）促进大学生自我认识的建构

参加社会实践活动有助于广大学生进一步构建真实的自我认识，有利于缩短“理想中的自我”与“现实中的自我”的差距。象牙塔中的大学生对自身的人生普遍处于一种非理性的理想状态，与现实中的自我产生差距，不能准确地认识和评估自已的能力。他们都存在普遍的困惑：我是怎样的人？我适合做什么？这两个自我的脱节必然会对社会的健康和谐发展带来严重的后果。而实践是一种深层次的教育，具有双重功能，即人们在积极能动地改造自然与社会的过程中，同时也改变、优化着自己。大学生只有走出狭小的圈子，参加社会实践，在社会实践中检验自己所学的理论知识是否能满足社会主义市场经济发展的要求，文化智能结构能否满足现在社会发展的需求，开拓竞争意识是否能够适应经济和科技发展的趋势，才能将“理想中的自我”与“现实中的自我”逐渐融合统一。

（二）能够促进大学生创新精神和实践能力的提高

参加社会实践活动是培养大学生创新精神和实践能力的重要途径。知识经济时代是以人力资源为本的时代。作为智力资源的人才，其灵魂是创新精神。而只有具备创新意识和实践开拓精神的人，才能有所作为、有所成就。社会实践活动是培养大学生创新精神和实践能力的基础，同时大学生创新精神和实践能力又在实践活动中得到具体的体验和检验，在实践中得到不断的发展和提高。大学生在克服具体实践难题中必然形成的创新意识和创新品格，能带动专业教育的创新精神与实践能力的培养，两者辩证统一，互促互进。

（三）能够促进大学生健康心理和自我价值的实现

参加社会实践有助于大学生心理的健康成长和自我价值的实现。心理健康是每个人成长的基本要求。但随着高等教育从精英型向大众化的转型，大学生的心理问题日益凸显，并呈上升趋势。如学习心理问题、人际交往问题、理想与现实问题等。如何对大学生进行心理健康教育，帮助他们解决心理问题，主要途径之一是加强大学生的社会实践活动。

（四）能够增强大学生的社会责任感

参加社会实践有助于培养大学生的社会责任感。在社会转型期，由于受到西方思潮的冲击和影响，在大学生中出现了否定传统价值观和盲目崇拜西方价值观的倾向，表现为追求物质享受，忽视对人生崇高意义的追求和向往。同时，作为在改革开放中成长起来的一代，他们普遍没经历过磨难，却在父辈的纵容溺爱中单一偏重个人本位和个人价值，扭曲了心态，呈现出对传统道德淡漠、社会责任淡漠的特征。在新形势下，通过学生感兴趣的社会实践方式，帮助大学生端正价值观，理顺个人与社会的关系，让其在自我构建过程中去体会、感悟，在行动中去反省、反思，重树社会责任感，是非常有效的方式。而优秀的社会实践团体所提倡的各种价值精神也会感召每一个组织成员。在优秀的大学生实践群体组织中，他们可以更加理性地面对社会，深刻反省自身，在为社会服务的同时，使自己树立科学的价值观。要把科学价值观渗透到大学生日常学习、生活的各个环节之中，经过价值实践的反复强化，形成良好的判断能力，让大学生在价值实践过程中实现自己的人生价值，成为对社会真正有用的人。他们还可以检验行为模式及价值观念中与社会文化不协调的部分，从而纠正自身的偏差，及时内化社会认同的文化规范和价值准则，逐渐在个人与社会的接触中，学会遵守社会规范和公共道德准则，掌握劳动技能，锻炼意志品质，提高对社会的适应能力，逐步实现社会化，自发形成高度的社会责任感。

（五）能够推进大学生职业生涯的规划

社会实践是大学生职业生涯规划的前奏。高等教育肩负着为社会输送合格人才的责任，然而，要培养适应社会主义市场经济的人才，必须深化大学生的职业规划意识。当前，相当多的大学生只是急于找到一份工作，而对于生涯发展意识、生涯决策能力、自我价值认知、职业定位等却一无所知，导致“毕业即失业”尴尬局面的出现。

首先，通过进行中的社会实践，大学生个体可以逐步建立、发展一个整合而适当的自我概念（包括职业自我），并将其转化为实际的选择与生活方式，实现个体的生涯发展目标。这在一定程度上改善了当前社会需求与高校在教学理论、专业和课程结构以及教学手段等方面与现实脱节的局面，促进高校办学进一步适应市场经济的要求。其次，人生规划中的关键是合理的职业定位。定位准确，才能使规划实用有效；否则，规划制订得再好，也无法变成现实。通过社会实践，学生将在活生生的职业情景中进行正确决策，科学规划人生；认知自身的能力、能力倾向、兴趣、个性等，以及明晰个人的职业价值，有利于未来将个人追求与社会发展相结合，进行合理定位。最后，大学生在尝试不同类型的社会实践过程中，发现个体潜能，从而合理地调整自身的职业规划。

二、大学生投身社会实践的途径

（一）教学实践活动

教学实践是指教学过程中，学生把所学的知识运用于生产、生活和工作实际，在实践中检验理论知识，完善知识结构，提高知识水平和能力素质的环节。它是高校专业学习的重要组成部分，是高校教学计划的一门必修课，是大学生进行职业训练的重要途径，是各类大学生进行社会实践的主要形式。教学实践活动符合“实践——认识——再实践——再认识”的认识论规律。通过教学实践活动，可以学习与本专业有关的具体生产和操作过程，了解本专业领域的外部环境、工作条件、生产结构、工艺过程，以及本专业在社会中的实际地位和作用，从而进一步明确自己的职责和任务，培养热爱工作、献身事业的崇高理想。

各个高校、各个专业的教学实践有不同的名称，但其目的和实质都是一样的，一般包括认知实践、生产实践、毕业实习等。要完成专业实践，并通过专业实践来提高自己，应注意以下几个问题。

1. 要学好自己本专业的理论基础知识。理论是实践的指导，实践是对专业知识的综合运用，要求有较高的理论水平。因此，平常要做好理论知识的积累，广泛地吸收本专业知识。

2. 要有认真的求知态度。专业实践的主要目的在于检验学生能否将所学知识应用于实践。知识的增多并不能自动转化为能力，因而必须认真对待实际的工作和生产，在其中找到本身知识和能力的不足，这样既可以巩固和验证所学的理论，又可以为自己的认识向更高一级转化奠定基础。

3. 要有谦虚的态度。在专业实践过程中，必然会遇到自己解决不了的许多实际问题，因此，应虚心、诚恳地向实际工作人员请教，在实践中学习，对问题进行独立思考并且亲自动手操作，不能摆架子、自以为是。只有抱着谦虚的态度去学习、去请教，知识、能力和技巧才能得到提高，才能真正达到专业实习的目的。

4. 要主动适应实习环境，做好角色的转换。这一点在第二阶段的实践时，学生一般不再以学生的身份，而是以某种工作的身份出现在社会职业的位置上，从事一定的社会职业活动。所以，实习生要根据角色的实际转换，转变思维方式和社会态度，并根据交往角色的特点，树立人格形象，使自己融入所实习的岗位，去真切感受工作，这样才能真正提高和锻炼自己，使自己的能力和素质得到一个质的飞跃。

（二）教学外的社会实践活动

教学外的社会实践是学生利用课余时间去体验社会生活、认识社会、了解社会、服务社会、锻炼自己能力的一条有效途径。一般包括社会考察和实践、社会服务、勤工俭学、青年志愿者活动等几种形式。

1. 社会考察和实践。它是一种有组织有安排的社会实践活动，一般安排在学生的寒暑假，组成考察团、调查报道团，运用观察、问卷、访谈等多种方法，统一组织学生走出校园，深入机关、企事业单位、农村，了解社会，认识社会。同时，开展实践活动，运用所学的知识服务社会，如每年开展的大学生寒暑假文化科技卫生“三下乡”社会实践活动，深入社会实践基地，开展文化宣传、扶贫支教支医、公民道德建设宣讲、贯彻“三个代表”重要思想和落实科学发展观的政治理论宣讲等主题实践活动。

2. 社会服务活动。它形式多样，范围广泛，包括各种咨询服务，如教育咨询、科技咨询、心理咨询、卫生保健咨询、法律咨询等活动；各种预测服务，如技术预测、人才预测、经济预测、社会发展预测等；各种技术开发服务，如技术改造、工程设计、软件设计、农业技术开发等；各种智力开发服务，如举办各种文化辅导班、技术培训辅导班、家教服务等；各种劳务型服务，如开办洗衣部、文印部和打扫环境卫生等。

3. 勤工俭学活动。勤工俭学是学生利用课余时间，运用专业知识或个人特长、能力，有偿服务于社会，并将劳动所得作为学习、生活费用补充的一种劳动。当前，随着高校收费的增加，大学生的学杂费、住宿费、生活费等支出数额巨大，一般家庭很难承担，在大学生队伍中，贫困学生的比例不断上升。虽然各高校不断地完善学生的资助工作，尽可能地为家庭贫困学生提供各种服务，但是作为大学生，应该树立独立自主、自力更生的观念，培养自强自立的精神，适当地参加勤工俭学活动，通过自己的劳动获得一定的收入，减轻家庭经济负担。通过勤工俭学，还可以了解、接触社会，在实践中增才干、长见识，提高自己的社会活动能力，丰富自己的社会阅历。当然，作为在校大学生，从事勤工俭学的时候，要注意以下几点：第一，勤工俭学活动必须坚持“在课余时间进行，不得影响学业”，勤工是手段，助学是目的，二者不能本末倒置；第二，由于大学生社会经验不足，在校外参加勤工俭学的时候，要增强自我防范意识，以免上当受骗或受到不法分子的侵害。

4. 青年志愿活动。志愿工作是指任何人志愿贡献个人的时间及精力，在不为物质报酬的情况下，为改善社会服务、促进社会进步而提供的服务。志愿工作具有志愿性、无偿性、公益性、组织性四大特征。

参与志愿工作是参与社会事务的权利和促进社会进步的能力的表现，可以使自身得到提高、完善和发展，精神和心灵得到满足。参与志愿工作既是“助人”，也是“自助”；既是“乐人”，也是“乐己”。参与志愿工作，既是在帮助他人、服务社会，同时也是在传递爱心和传播文明。志愿服务个人化、人性化的特征，可以有效地拉近人与人之间的距离，减少疏远感，对缓解社会矛盾、促进社会稳定有一定的积极作用。具体表现如下。

对社会而言，志愿活动具有以下积极意义：一是传递爱心，传播文明。志愿者在把关怀给予社会的同时，也传递了爱心，传播了文明，这种“爱心”“文明”从一个人身上传到另一个人身上，最终汇聚成一股强大的社会暖流。二是有助于建设和谐社会。志愿工作提供了社交和互相帮助的机会，加强了人与人之间的交往及关怀，减少了彼此间的疏远感，促进了社会和谐。三是促进进步。社会进步需要全社会的共同参与和努力。志愿工作能够使越来越多的人参与到服务社会的行列中来，对促进社会进步有一定的积极作用。

对志愿者个人而言，志愿活动具有以下积极意义：一是奉献社会。志愿者通过参与志愿工作，有机会为社会出力，尽一份公民的责任和义务。二是丰富生活体验。志愿者利用余闲时间，参与一些有意义的工作和活动，既可以扩大自己的生活圈子，又可以亲身体验社会的人和事，加深对社会的认识，这对志愿者自身的成长和提高是十分有益的。三是提供学习的机会。志愿者在参与志愿活动的过程中，除了可以帮助人以外，还可以培养自己的组织及领导能力，学习新知识，增强自信心及学会与人相处等。

对服务对象而言，志愿活动具有以下积极意义：一是接受个人化服务。志愿者服务在提供大量的人力资源的同时，更能发挥服务的个性化、个人化及全面化的功能，从而令服务对象满意。二是帮助志愿者融入社会，增强归属感。通过志愿者服务，能有效地帮助服务对象扩大社交圈子，增强他们对人、对社会的信心。同时，志愿者以亲切的关怀和鼓励，帮助服务对象减轻接受服务时的自卑感和疏远感，从而使其建立自尊心和自信心。

职业规划

一个人的职业生涯是一个漫长的过程，所以应有一个整体的规划。可以把人生整个职业生涯分成较长时期来规划，长期的规划再分成几个中期的规划，中期规划再分成几个短期的规划，一步一步地实现它。

一、树立正确的职业理想，确立明确的职业目标

职业理想是指人们对未来职业表现出来的一种强烈的追求和向往，是人们对未来职业生涯的构想和规划。任何人的职业理想必然要受到社会环境、社会现实的制约。社会发展的需要是职业理想的客观依据，凡是符合社会发展需要和人民利益的职业理想都是高尚的、正确的，并具有现实的可行性。大学生的职业理想更应把个人志向与国家利益和社会需要有机结合起来。

职业理想在人们的职业生涯设计过程中，起着调节和指南作用。一个人选择什么样的职业，以及为什么选择某种职业，通常都是以其职业理想为出发点的。大学生树立职业理想的过程，便是心目中进行职业生涯设计的过程，一旦在心目中有了自己认为理想的职业，就会依据职业理想的目标，去规划自己的学习和实践，并为获得自己认为理想的职业而去做各种准备。

职业理想形成后，每个人都会确立明确的职业目标。在职业生涯中，人生的职业目标有短期目标和长期目标以及近期目标和长远目标之分，而且在一定时期，还有可能对职业目标提出一定的调整。职业生涯设计是根据一定的职业目标而进行的，是为了实现这个目标而做出的设想和打算。所以，大学生应当尽快确定自己的职业目标：打算成为哪方面的人才，打算在哪个领域成才，等等。对这些问题的不同答案不仅会影响个人职业生涯的设计，也会影响个人成功的机会。

二、正确进行自我分析和职业分析

1. 自我分析。要通过科学认知的方法和手段，对自己的职业兴趣、气质、

性格、能力等进行全面认识，清楚自己的优势与特长、劣势与不足。自我分析要客观、冷静，不能以点带面，既要看到自己的优点，又要面对自己的缺点。只有这样，才能避免设计中的盲目性。

2. 职业分析。现代职业具有自身的区域性、行业性、岗位性等特性。职业区域可能是城市，也可能是农村；可能是经济发达的特区，也可能是经济一般或贫困落后地区。设计职业生涯时，要考虑到职业区域的具体特点，比如该地区的特殊政策、环境特征。职业角色的发展与职业所在行业的发展有着密切的关系，设计职业生涯时，不能仅看重单位的规模、名气，而要对该职业所在的行业现状和发展前景有比较深入的了解，比如人才供给情况、平均工资状况、行业的非正式团体规范等。

三、构建合理的知识结构

知识的积累是成才的基础和必要条件，人们常常把一个人掌握知识的多少作为衡量水平高低的标准，但它不是衡量人才的绝对标准。单纯的知识数量并不足以表明一个人真正的知识水平。大学生不仅要具有相当数量的知识，还要形成合理的知识结构。在设计职业生涯时，大学生要能够根据职业和社会不断发展的具体要求，将已有的知识进行科学的重组，建构合理的知识结构，最大限度地发挥知识的整体效能。

四、培养职业需要的实践能力

大学生的综合能力和知识面是用人单位选择人才的依据。用人单位不仅考核其专业知识和技能，而且考核其综合运用知识的能力、对环境的适应能力、对文化的整合能力和实际操作能力等。大学生进行职业生涯设计时，除了构建自己合理的知识结构外，还应具备从事本行业工作的基本能力和某些专业能力。一般来说，大学生应重点培养满足社会需要的决策能力、创造能力、社交能力、实际操作能力、组织管理能力和自我发展的终身学习能力、心理调适能力、随机应变能力等。

五、参加有益的职业训练

职业训练包括职业技能的培训、对自我职业的适应性考核、职业意向的科学测定等。目前，高校组织大学生参与的暑期“三下乡”活动、大学生“青年志愿者”活动、大学生毕业实习活动、大学生校园创业活动等，都是职业训练很好的形式。除此之外，高校还可以邀请毕业生中的成功校友回校与大学生座谈，邀请校外知名人士来校与大学生交流，鼓励有条件的大学生利用假期到父母或亲戚单位实习，鼓励大学生从事社会兼职工作，组织学生开展模拟性的职业实践活动，开展职业意向测评，开展职业兴趣分析测评等。大学生应主动积极地参与有益的职业训练，更早更多地了解职业，掌握职业技能，正确地引导自己的职业生涯设计。

除了以上几个方面，大学生在进行职业生涯设计时，还应培养良好的道德修养和健康的心理素质，比如正确对待择业挫折的心理素质和敢于竞争、善于竞争的心理素质等。

六、把职业生涯规划贯穿大学生活全过程

职业生涯目标规划，应从一生的发展写起，然后分别定出十年、五年、三年、一年计划，以及定出一月、一周、一日计划。计划定好后，再从一日、一周、一月计划实行下去，直至实现一年、三年、五年、十年目标。

制订未来发展目标，包括：你想干什么？想成为什么样的人？想取得什么样的成就？想成为哪一专业的佼佼者？把这些问题确定之后，你的人生目标也就确定了。

职业生涯规划作为一种就业前的准备，它的进行程度与毕业生对自己的就业满意程度有着越来越重要的关系。针对大学扩招以及毕业生的就业现状，除了依靠国家政策来解决就业难问题，还要掌握一系列的职业生涯规划技巧和方法，培养具有科学职业观的人，逐步促进大学生就业，最终解决就业难问题。

就业引导

自实行“自主择业、双向选择”的就业制度以来，大学毕业生实际上已经步入了就业市场化的轨道。在社会主义市场经济条件下，大学生毕业后的选择主要有就业求职、考取公务员、自主创业、提高学历层次、参军入伍等多条途径。毕业生可根据就业形势和自身状况加以选择。

一、报考公务员

国家公务员是指代表国家从事社会公共事务管理，行使国家行政权力，履行国家公务的工作人员。目前，每年中央、国家机关以及中央国家行政机关派驻机构和垂直管理系统，从高校应届毕业生中录用一定数量的公务员，各省（直辖市、自治区）、（设区的）市、县（区、市）、乡镇也分别招收一定数量的公务员，在一定程度上减轻了应届大学毕业生的就业压力。公务员考试录用已成为应届毕业生就业的一条重要渠道。

我国每年都举行几十次大大小小的公务员考试。从纵向来划分，可以分为中央公务员考试和地方公务员考试两种；从横向来分，又可以分为各个系统的公务员考试，例如公安系统公务员考试、司法系统公务员考试、海关系统公务员考试等，但一般系统单独招考的情况比较少，都是由人事部门统一招考各系统的公务员。所以，公务员考试中最主要的就是中央和各省人事部门组织的统一招考。招考程序大致分为六个阶段。

（一）国家公务员招考、录用第一阶段——报考

1. 发布公告。制定和发布招考公告，是报名前的首要工作。公务员招考公告一般选择知名度高、读者面广、权威性强的报纸发布。另外，欲报考者还可以通过相关的专业性网站集中查询，主要参考网站如下：中国人事部网（http：//www. mop. gov. cn）、国家公务员考试网（http：//www. Hinayana. org）及各省、自治区、直辖市政府人事部门网站。

2. 报考条件。报考公务员必须具备一定的资格条件，即国家和主考机关规

定的成为某职位上的公务员不可缺少的起码条件。《中华人民共和国公务员法》第十一条规定，公务员应当具备下列条件：具有中华人民共和国国籍；年满 18 周岁；拥护中华人民共和国宪法；具有良好的品行；具有正常履行职责的身体条件；具有符合职位要求的文化程度和工作能力；法律规定的其他条件。另外，报考者必须身体健康且年龄在 35 周岁以下。报考特殊职位的考生还应具备该职位要求的特殊条件。《中华人民共和国公务员法》第二十三条规定，报考公务员除应当具备本法第十一条规定的条件外，还应当具备省级以上公务员主管部门规定的拟任职位所要求的资格条件。

3. 招考时间。从 2002 年起，中央、国家机关公务员招考工作的时间被固定下来，报名时间在每年 10 月中旬，考试时间在每年 11 月的第四个周末。省以下国家公务员考试时间尚未固定，欲报考者应密切关注各类新闻媒体和人事部门网站有关招录公务员的信息，以免错过报考时机。

4. 报考程序。2002 年以前，中央、国家机关公务员报名办法和程序与各地大致相同。自 2002 年开始，中央、国家机关公务员考试报名程序采取网上报名的办法。具体程序如下。

（1）招考职位查询。欲报考者可到人事部网、公务员考试网、新华政府在线频道、中华网教育频道等查询。

（2）报名方式。全部采取网上报名方式进行，不设现场报名。报考人员可选择各省会城市或直辖市报考和参加考试。报名政策、技术和考务方面的咨询可查询人事部网站（http：//www. mop. gov. cn）。

（3）报名确认与领准考证。通过资格审查的人员，须按照规定的时间到所选择的考试地点进行确认，同时办理有关手续。

地方公务员考试报名程序如下。

（1）申请报名。正式报名前，参加公务员考试的人员应在规定的时间和地点领取报名所需的各种表格与报考须知资料，认真填好报名表，并了解报考须知。

（2）资格审查。它是审查报名登记表和有关证件是否符合规定的报考条件的一种方法，由政府人事部门和用人部门共同负责。

（3）领取准考证。国家公务员考试主考机关根据报名和资格审查认定的报考情况发放准考证。若报考人员遗失准考证，须由其所在单位出具证明并携带有关证件，经报名点审核后，由原发证单位补发。补发的准考证同原准考证，但注明“补发”字样。

现在，大多数省、市均采取网上报名，并在网上直接打印准考证、现场确认报名的方式。

（二）国家公务员招考、录用第二阶段——笔试

人事部在总结近年来中央、国家机关考试录用工作的基础上，提出了中央、国家机关公务员考试所遵循的原则，即“分类考试，突出能力，方便考生，定时定期”。按照职位性质，报考职位分为两大类，报考者只能选择一个类别中的一个部门或单位报考。以中央国家机关、中央国家行政机关及部分中央垂直管理机构中的省级机关和直属机构，部分依照公务员制度管理的国务院直属事业单位为第一类。以中央垂直管理机构地（市）级以下所有机关及部分中央垂直管理机构中的省级机关和直属机构，部分依照公务员制度管理的国务院直属事业单位为第二类。报考第一类职位的考生公共笔试科目为“行政职业能力检测”“申论”两科。报考第二类职位的考生公共笔试科目为“行政职业能力测验二”一科。“行政职业能力测验二”的题型、题量、难度等与“行政职业能力测验一”略有不同。专业科目笔试的内容、方式由各招考部门确定。

在各地实际操作过程中，考试科目可能不完全一致，部分省、市可能还会考公共基础知识（涵盖政治、法律、经济、管理、人文、科技等），考生可根据当地招考公告进行复习。

（三）国家公务员招考、录用第三阶段——面试

能否取得面试成功，面试前的准备至关重要。面试是一个机遇，也许这就是你成功的开始。面试时，面对主考官，你只有 30 分钟的时间来“推销”自己。因此，面试前应作好充分的准备。

（四）国家公务员招考、录用第四阶段——体检

按照《公务员录用体检通用标准（试行）》执行，详细内容可到所在人事部门的网站上查询。

（五）国家公务员招考、录用第五阶段——考核

国家公务员录用考核的内容是依据职位要求的基本职责和任职条件而制定的，以笔试、面试等考试环节无法考查的项目为重点考核内容。具体而言，主要包括政治素质、拟录用职位的要求、报考资格条件复审、职务回避考核、道德品质考核等方面。

国家公务员录用考核常用的方法有 3 种，即查阅档案考核法、谈话考核法和座谈会考核法。通过查阅档案考核法、谈话考核法和座谈考核法后，要形成考核材料。考核材料要精准、全面地叙述考核对象的主要优缺点，提出考核是否合格、是否可以录用的结论性意见。

（六）国家公务员招考、录用第六阶段——审批、录用

录用程序是按照时间先后或一次安排的录用工作的步骤。这可以增加录用工作的透明度，增强参与监督的环节；赋予录用工作规范性和一定的法律效力，确

保公正、平等。具体包括下述几个步骤：确定推荐比例，公布录用候选人名册，编制和管理录用候选人名册，办理录用手续。被录用者持录用通知书及有关证件，在规定时间内，到用人单位报到。报到期限为一个月，逾期者，取消录用资格。

《中华人民共和国公务员法》第三十二条规定，新录用的公务员试用期为1年。试用期满合格的，给予任职；不合格的，取消录用。

二、提高学历层次

面对越来越严峻的就业形势，有相当数量的毕业生选择了考取研究生、获取第二学士学位深造，以提高学历层次。他们认为，通过提高学历层次，可以获得更高的薪酬、更强的就业竞争力、更大的发展力和更多的就业机会，同时也可以暂缓就业压力。

相对于本科生而言，研究生具有专业和学历优势。目前我国研究生尚属精英教育，毕业生数量有限，就业面更宽。一般来说，与本科毕业生相比，研究生拥有双向选择的机会更多一些，多年来一直保持着供不应求的局面。由于就业竞争激烈，为了减轻就业压力，期望更好的工作，部分大学生在毕业时选择报考研究生。对于考研的本科生来说，在学校毕业时直接考研比直接找工作以后再考研要好一些。总的来说，考研应做多方面的准备。

1. 了解考研信息。对于决定考研的毕业生来讲，可从招生单位网站上搜索相关招生简章、专业目录、招生说明、统计数字和导师介绍等信息，考生也可通过其他途径了解，如通过拟报考专业的师兄师姐，了解专业科目的内容、命题的方向、面试的内容及方式、导师的研究方向等。此外，还要收集有关考研复习方面的信息，考生要尽量收集拟报考学校的复习资料，特别是历年考试专业试题及专业课考试复习的指定参考书等。

2. 确定考研目标。如果决定考研，那么就要尽快明确考研目标，这样才能拥有充裕的时间备考。这里特别对拟报考专业做些提示：一是要全面了解拟报考的专业和学校，一般是先确定专业，再根据专业选择学校；二是要合理评估能力（特别是外语能力），了解自己适合报考什么专业，今后想从事什么工作（或职业规划等）。一般来说，跨学校或跨专业难度会大一些，既跨学校又跨专业难度更大。

3. 备考研究生入学考试。考研是系统工程，必须进行有目的的计划，才能达到预期目标。研究生考试复习内容多，时间跨度长，需要指定总的复习规划，根据复习的时间和内容具体安排。外语是考研的“拦路虎”，大多数考研失败者多因外语所致，所以外语水平不好的考生须攻克外语。政治理论一般放在其考研大纲出来之后开始复习。具体复习时间与强度因人而异，这一点需要考生多与考研成功者交流。

4. 网上报名。它分为两个步骤：一是每年的10月10—31日（也可能有改变），考生通过登录中国研究生招生信息网（公网网址：yz. chsi. com. cn；教育网网址：yz. chsi. cn），按照报名网的提示和要求填写本人的报名信息。在网上报名期间，考生可自行修改或矫正部分网上报名信息，逾期不再补报，也不得再修改报名信息。应届本科生可提前报名，时间为每年的9月17—23日（按照以往经验）。二是现场确认。网上报名成功以后，考生携带相关证件，到自己选择的报考点缴费、照相，确认报名信息并签字。

5. 初试。初试科目为政治理论、外语和两门专业课。其中，政治理论、外语由国家教育部统一组织命题。时间一般安排在每年春节前15天，考试时间均为3小时。3月上旬左右公布考生考试成绩（各省自行公布），考生可通过网络、热线电话等途径查询考分。

6. 复试。研究生入学考试复试一般包括专业课测试，外语听力、口语测试，专业面试三个环节（对于这一点，各高校有所侧重，但主题是上述的面试方式）。其重点在于考查考生的科研能力、思维能力、外语能力和心理素质等。复试是考研的最后一关，是决定能否被录取的最后关键点。因此，复试时，须作如下准备：一要了解往年复试的情况，了解可能出题或面试教师的特点，了解所报考专业的最新动态及相关导师的主要观点；二是本着实事求是的精神，谦虚、好学的求学态度；三是注意细节，衣着得体，准时到场，礼貌待人。

7. 录取。招生单位根据国家下达的招生计划、考生入学考试的成绩（含初试和复试），并结合平时的学习成绩、思想政治表现、专业素质和身体健康状况确定录取名单。对于思想品德不合格者，不予录取。被录取的考生经本人申请和招生单位同意，可以保留学籍1~2年再入学。

三、志愿服务西部

“大学生志愿服务西部计划”是团中央、教育部根据国务院常务会议、国务院办公厅《关于做好2003年普通高等学校毕业生就业工作的通知》和2003年全国高校毕业生就业工作电视电话会议精神的要求而实施的，财政部、人事部给予相关政策和资金支持。这项计划通过引导大学生到西部去、到基层去、到祖国和人民最需要的地方去建功立业，促进西部贫困地区教育、卫生、农技、扶贫社会事业的发展，拓展大学生就业、创业的渠道，努力培养造就一大批既有现代科学文化知识，又有基层工作经验和强烈社会责任感的优秀青年人才。这项计划从2003年开始，按照公开招募、自愿报名、组织选拔、集中派遣的方式，每年招募一定数量的普通高等学校应届毕业生，到西部贫困县的乡镇从事为期1~2年的教育、卫生、农技、扶贫以及青年中心建设和管理等方面的志愿服务工作。志愿者服务期满后，鼓励扎根基层，或者自主择业和流动就业。

团中央、教育部、财政部、人事部专门下发《关于实施大学生志愿服务西部计划的通知》（中青联发〔2003〕26号），对组织实施这项计划提出了具体要求。为鼓励应届毕业生参加这项计划，该通知指出，参加大学生志愿服务西部计划的志愿者，除享受国家规定的高校毕业生就业优惠政策外，有关部门还给予一系列的政策支持，同时鼓励各高校和社会各方面对这部分高校毕业生的工作、生活、学习、就业和创业提供帮助与支持。

1. 志愿者补贴、保险。志愿者服务期间，中央财政给予必要的生活补贴（含交通补贴、人身意外伤害保险和住院医疗保险）。其中，生活补助每人每月600元，每人每年7200元（在西藏服务的，每人每月800元，每人每年9600元），按月发放。交通补贴按照志愿者家庭所在地省会城市和服务省省会城市之间的距离划分为不同的等级确定（家庭所在地或服务地为西藏、新疆、内蒙古的，另行确定），按年发放。志愿者的有关补贴由全国项目办通过青年志愿卡按时统一划拨。志愿者保险由全国项目办统保，保费为每人200元，险种为大学生志愿服务西部计划团体一年寿险（人身意外险、住院医疗险、基本医疗险），由全国项目办与各服务省项目办协调办理。为保障生活补贴及时发放，有关部门还推出青年志愿服务卡，并和银行联网，志愿者凭卡可以支取生活费。同时，凭此卡还可以享受书店、商场等部门的优惠。有关部门还组织了一些有责任感的社会贤达人士组成督导团，进行督导，确定生活补贴能落到实处。

2. 考研、考公务员可加分。教育部办公厅〔2004〕18号文件规定，参加“大学生志愿服务西部计划”，完成服务期、考核合格的志愿者，在服务期满后三年内报考研究生，可享受初试总分加10分的政策，在同等条件下，招生单位优先录取。在报考时，须出具全国大学生志愿服务西部计划项目管理办公室统一制作颁发的“大学生志愿服务西部计划志愿服务证”、“志愿服务签订书”和服务单位证明，教育部在硕士研究生报名前，公布“大学生志愿服务西部计划”地方项目名单，参加过这些地方项目的志愿者报考研究生时，可享受加分政策。《关于实施大学生志愿服务西部计划的通知》规定：服务期满一年考核合格，可以应届高校毕业生身份报考国家机关公务员。报考中国国家机关和东、中部地区公务员的，同等条件下优先录取；报考西部地区公务员的，笔试总分加5分。

3. 户口关系。服务期间，计算工龄。按照规定，本人要求户口和档案保留在学校的，按照规定保留两年，在此期间，档案管理机构免收服务费。本人要求户口转回入学前户籍所在地的，公安机关按照规定为其办理落户手续，人事、教育部门所属人才交流机构负责办理相关手续，人事部门所属人才交流服务机构免费提供人事代理服务。服务期满落实工作单位后，公安机关按照有关规定办理户口迁移手续。如果志愿者愿意把户口带到西部去，当地公安部门应该帮助其落户，将来离开时再带走。

4. 服务期间，享受往返于入学前户籍所在地与服务地之间每年4次火车硬座票半价优惠。

5. 服务期为一年，服务期满考核合格的，授予中国青年志愿者铜奖奖章。服务期为两年，服务期满考核合格的，授予中国青年志愿者银奖奖章。表现优秀的，授予中国青年志愿者金奖奖章。表现特别优秀的，推荐参加中国青年志愿者五四奖章、中国十大杰出青年、中国十大杰出青年志愿者、国际青少年消除贫困奖等评选（中青联发〔2003〕26号）。

四、“三支一扶”服务基层

（一）“三支一扶”的意义和基本情况

“三支一扶”是指支教、支农、支医和扶贫工作。面向基层建功立业，是当代青年人应有的志向和抱负。广大农村、边远地区等基层是吸纳毕业生就业的最大空间，可供大学生施展才华的空间也较广阔，青少年在这里可以大有所为。大学毕业生在基层能得到多方面的锻炼，积累实践经验，更有发展潜力，对个人成长颇为有利。

从2006年开始，连续5年，按照公开招募、自愿报名、组织选拔、统一派遣的方式，每年招募2万名高中毕业生，主要安排到乡镇支教、支农、支医和扶贫工作。自2006年4月中央八部门决定联合实施高校毕业生“三支一扶”计划以来，已经在全国31个省（区、市）及新疆生产建设兵团全面展开。

（二）“三支一扶”的招募对象及其条件

“三支一扶”的招募对象主要为全国普通高校应届毕业生，并应具备以下条件：一是政治素质好，热爱社会主义祖国，拥护党的基本路线和方针政策；二是学习成绩合格，具有相应的专业知识；三是具有敬业奉献精神，遵纪守法，作风正派；四是身体健康。

（三）“三支一扶”的优惠政策

“三支一扶”人员服务期满以后，“三支一扶”大学生的就业享受政府提供的一系列优惠政策主要有：一是原服务单位及县、乡各类事业单位有职位空缺须补充人员时，应优先考虑接受服务期满考核合格的“三支一扶”大学生；二是服务期满自主创业的，可享受行政事业性收费减免、小额贷款担保和贴息等有关政策；三是服务期满考核合格的“三支一扶”大学生，报考党政机关公务员和三年内报考硕士研究生的，可以通过适当增加分数及其他优惠政策，优先录用；四是进入国有企事业单位的，其服务期限计算为工龄；五是在今后晋升中高级职称时，同等条件下优先评定。

五、选聘村官，投身农村

实施“一村一名大学生工程”，要以邓小平理论和“三个代表”重要思想为指导，全面落实科学发展观，认真贯彻《中共中央办公厅　国务院办公厅印发〈关于引导和鼓励高校毕业生面向基层就业的意见〉的通知》（中办发〔2005〕18 号）精神，积极引导、鼓励高校毕业生和年轻干部到农村锻炼成长、献智献力，为促进社会主义新农村建设做贡献。通过选聘高校毕业生进村（社区）工作和选派机关、事业单位年轻干部到村工作以及委托培养等方式，力争基本实现每个村（社区）至少有一名大学生的工作目标。其主要内容有三个方向：一是选聘普通高校毕业生进村（社区）工作；二是选派机关、事业单位干部到村挂职帮助工作；三是选拔农村高中、中专毕业生以委托培养方式提升学历。

六、出国留学

随着经济全球化趋势的发展，国际合作领域将不断拓展；出国留学已成为越来越多毕业生的选择，也有部分毕业生参与国际人才竞争，到境外的公司或企业工作。面对严峻的就业压力和考研的竞争，留学日益受到大学生青睐。留学生主要包括调查、申请、做准备（学业、经济、各种材料的准备）等各个阶段，对于想留学的学生来说，应及早准备，提高成功率。到了大三，拥有一定的专业基础知识，可以根据职业兴趣，选择以后将要攻读的专业，并且利用课余看一些专业书籍，参与相关课题研究。到了大四，就可以准备材料、投递资料等，等待录取。准备留学的毕业生应有思想准备，国外条件固然优越，然而生活中总有各种各样的艰辛，亲人和朋友又不在身边，唯本人知其中滋味。下面就毕业生联系出国的相关事项介绍如下。

1. 明确出国动机。应与自身职业生涯规划紧密相连，若仅仅为体验国外生活，则不一定通过留学的途径，出国是想为自己的职业发展提高起点，因此，面对学校和专业的选择时，更要谨慎。

2．选择具体的目标。有了理性的出国动机，下一步便要选定自己的目标，包括国家、学校和专业。学校在相关领域的声誉和排名是至关重要的，攻读者除了要考虑学校声誉和专业优势外，还要考虑地理位置，经济发达的地区有更多的实习和就业机会。

3．申请护照。由申请人出示有关证件及材料，到当地公安机关（设区市以上）出入境管理部门申办。申请人凭居民身份证、户口簿或其他户籍证明，即可向本人户口所在地的市、县公安机关领取公民因私事出国（境）申请审批表。

4．申请签证。中国公民申办外国签证的途径很多，主要是由本人亲自持护照和有关申请签证的材料，到所留学或工作的国家驻华使馆申请或由委托的签证代办机构代办。

七、　参军入伍

近年来，随着军队现代化建设步伐的加快和军队干部政策的改革，越来越多的特招大学毕业生选择“携笔”从戎，逐渐成为军营里的新亮点。

（一）军队接收大学毕业生参军的条件

按照军队的有关规定，接收对象应当是参加全国普通高校（包括研究生培养单位）统一考试录取的应届毕业生和毕业研究生。专科毕业生相对于本科生来说，需求量较小，一般是面向作战部队和边远艰苦地区部队。大学毕业生参军的基本条件有四条：拥护党的基本路线，忠于祖国，热爱军队，志愿献身国防事业，符合公民服现役的政治条件；学习成绩平均在良好以上；本科毕业生年龄不超过25周岁，硕士毕业研究生一般不超过30周岁，博士毕业研究生一般不超过35周岁；身体健康，符合军队院校招收学员体格检查标准。

（二）毕业生参军的一般程序

1．报名。毕业生可向所在学校的毕业生分配部门和部队大军区级单位的大学生接收站报名，并提供本人的有关材料，向用人单位推荐。

2．接受考核。部队用人单位在规定的期限内，将派人到有关高校，对接受对象进行全面考核。

3．审批。对考核合格的毕业生，用人单位将组织填写“地方高等学校毕业生献身国防事业志愿书”，逐级上报至大军区级单位政治部审批。

4．参加培训。毕业生到部队报到后，一般要经过一定时间的集中训练。

后记

在大学，有两种事物总是新鲜的，那就是绚烂的青春和对知识的追求。正因为如此，大学常新，总会成为很多人的新起点。本书既是向刚刚迈入大学校门的“新生代”展现大学概貌的综览，也是卷宗墨香中飘着浓浓佳大气息的全景实录；既是求解大学生活的励志读本，也是言藏关爱、句有温暖的母校家书。

在策划《新起点　梦飞扬》书稿初期，大学尚未开始录取，全然不知 2013 年全国 912 万名考生中谁会成为佳大的学生。书稿酝酿之时，有些残酷的高考分数线刚刚划定。我们初识你们，但不知道哪些名字自此将铭记于佳木斯大学的历史，不知道哪些青年学子会在佳木斯大学温柔的眷顾中慢慢成长。但我们仍然要说，你们在千余学府中选择佳大，佳大在万千学子中喜得你们，这是我们彼此的幸运、共同的幸福。你们所有关于年轻和成长的故事将从这里开始，你们青葱美丽的花朵也将在新的“起点”中绽放。

我们曾以《新生入学指南》之名，将佳大概况编辑成册发给学生及家长。它虽然“薄如蝉翼”，但在学生及家长手中却“重若千斤”。正是这“轻重之间”，催发我们一定要结集出版一本书，把佳大的历史与今天、风情与故事、光荣与历练、心语和心声说与你们。缘于此，有了母校的第一封“家书”，有了情感跳跃的鲜活文字，有了《新起点　梦飞扬》这本书。

这不仅是一部励志读本，更是一封划分了章节的“家”书。全书由馨家、心语、新路 3 部分构成。第一部分馨家，讲述了家的沿革和历史、家的荣耀和辉煌、家的文化与积淀，还有那些为家带来光荣的有故事的家人。第二部分心语，记录了书香萦手的教授心声、启人心智的才俊感悟、学海泛舟的闪光智慧、充满力量的青春脚步，将一个活灵活现的大学和大学生活奉献给青春的你们。第三部分新路，告诫你们如何把握大学生活，在大学生活的几个关键点上应如何应对。全书用灵动的语言告诉大家：一个人无论站在多么诱人的“起点”上，无论以什么样的方式奔跑，都要有方向、有情感、有风骨、有梦想。全书用生动的事例告诉佳大的新学子：在现代化的浪潮里，在新价值的波澜中，青春的大学生可以时尚，可以美丽抑或张扬，但一定要心怀至善、心若冰清。这本书形成脉络、分成体系、完成目录、终成定稿时，我们心中竟流出一股暖意和幸福，甚至已经勾画出你们捧着书“如获珍宝”的样子。同学们，家的大门已经敞开，希望你们捧着

《新起点　梦飞扬》这本书，一边阅读，一边感知，一边迈出青春的脚步。

本书由佳木斯大学学生工作部（学生处）组织编写，孟庆新负责全书的策划和框架设计，学生工作部（学生处）全体同志参与了本书的编撰。具体编写分工如下：孙广耀负责第一部分第一章、第二章，张庆国负责第一部分第三章、第四章，杨坤负责第一部分第五章、第六章；张桂芬、伊焕峰负责第二部分第一章、第二章、第三章，许勇、金海龙负责第二部分第四章、第五章、第六章；许勇、伊焕峰负责第三部分第一章、第二章、第三章、第四章、第五章，张桂芬、李慧媛负责第三部分第五章、第六章、第七章、第八章、第九章、第十章；伊焕峰负责后记。孟庆新、许勇、伊焕峰负责全书的统稿工作。

虽然我们身在校园，为人师者，阅读过无数个如你们一般的青年，但我们对你们的了解和理解仍不尽全然。我们深知，即将付梓的书稿，尽管经过数次的研讨和论证，但仍然难免疏漏，或许还远未达到你们的所想和期待。在成书的整个过程中，编写组的老师们始终想象着初入大学校门的你们最关注什么、最需要什么、最期待什么。在经过无数个时间和空间的角色转换后，用最贴近青年人的笔触对大学及大学生活做了临界真实的解读与表述。我们希望在迁延的岁月中，在大学的时光里，能够看到你们用实际行动见证《新起点　梦飞扬》之于你们的价值。

在编写《新起点　梦飞扬》的日子里，时时有佳大关于人才培养、学科建设、科学研究的好消息传来。我们和着学校发展的节拍一路前行，也时刻将家的荣辱系在心间。在此，我们由衷敬谢那些一直用行动和力量守望佳大的人，是你们让今天的佳木斯大学熠熠生辉，让佳大精神在一代代人的身上延续升华。我们也特别感谢参与本书编写的人员，以及为书稿的酝酿、出版默默工作的人们。你们的付出，让新生的佳大人站在新的起点上自信满满。

在编写《新起点　梦飞扬》时，我们参考了辽宁大学的《起点》、“十二五”规划教材《大学生入学教育》两本书。作为编者的我们，感谢前者为我们提供了效仿的模板。类似这样的励志读本，对于我校来说，也是初次尝试。此外，初入大学的你们，可谓站在了新生活的起点上。这本书、我们还有你们都站在了各自的“起点”上，相信，智慧和勇气会让我们跑出属于彼此的不可复制的精彩。真心希望所有的佳大新生能够坚守信念，练就本领，不断创造，艰苦奋斗，铸就高尚，一步一个脚印，用自己的青年梦托起“中国梦”的美好明天。

编　者

2013 年 7 月